POWER PACK LERNEN

Lern- und Arbeitsmethoden für die Klassen 8–10

Erarbeitet von
Herbert Holtwisch

Schöningh

www.schoeningh-schulbuch.de
Schöningh Verlag, Jühenplatz 1–3, 33098 Paderborn

Druck 5 4 3 / Jahr 2008 07
Die letzte Zahl bezeichnet das Jahr dieses Druckes.

Illustrationen: Reinhild Kassing, Kassel
Umschlaggestaltung: INNOVA, Borchen
Druck und Bindung: westermann druck GmbH, Braunschweig

ISBN 978-3-14-027500-2

Inhalt

Vorwort

Hallo, liebe Schülerinnen und Schüler,

Power Pack Lernen möchte euch helfen, in der Schule erfolgreicher zu werden, und euch zeigen, was ihr tun müsst, um die gestellten Anforderungen besser bewältigen zu können. Power Pack Lernen ist ein Methoden- und Trainingsbuch mit einer Reihe erprobter Lern- und Arbeitsmethoden, die ihr in allen schulischen Fächern anwenden könnt. Außerdem enthält es zahlreiche bewährte Tipps und Tricks sowie Lernhinweise, die dazu beitragen, dass sich eure schulischen Leistungen dauerhaft verbessern. Es werden auch anregende Möglichkeiten aufgezeigt, wie man sich am besten etwas einprägt und wie sich Lernstoff effektiv einüben und wiederholen lässt. Die mit diesem Buch erworbenen Kenntnisse werden euch auch nach der Schule im Berufsleben oder im Studium gute Dienste leisten.

Power Pack Lernen ist so aufgebaut, dass ihr damit selbstständig und ohne Fremdhilfe arbeiten könnt, weil die Methoden und Übungen in verständliche Schrittfolgen aufgegliedert wurden und deshalb leicht umsetzbar sind. Es umfasst das methodische Wissen und die Fertigkeiten, mit denen ihr tagtäglich in der Schule zu tun habt. Es vermittelt dir z. B.,

- wie du deine Arbeitsumgebung besser organisierst,
- wie Ordnungssysteme dir helfen können, die Übersicht zu behalten,
- wie du deine mündliche Mitarbeit spürbar verbessern kannst,
- wie du dich erfolgreich auf Klassenarbeiten vorbereitest,
- wie du dir Informationen für einen Vortrag beschaffen kannst,
- wie sich Lernstoff veranschaulichen lässt, um ihn besser zu behalten,
- u. v. m.

Power Pack Lernen ist auch ein Handbuch. Jedes Kapitel ist in sich abgeschlossen. Es ist nicht sinnvoll, das Buch von vorne nach hinten durchzulesen. Es sollte vielmehr als „Lernbegleiter" genutzt werden. Wenn im Unterricht z. B. über Lesetechniken oder über das Markieren von Texten gesprochen wird, nehmt euch das entsprechende Kapitel begleitend vor. Und falls ihr feststellt, dass ihr Lücken in einem anderen Bereich habt, der gerade nicht behandelt wird, dann arbeitet dieses Kapitel selbstständig durch. Mithilfe des Inhaltsverzeichnisses und des Registers könnt ihr nachschlagen, wo ihr Antworten und Hinweise auf eure Fragen findet.

Und nun wünschen euch der Verfasser und der Verlag viel Freude, vor allem aber viel Erfolg mit diesem Buch.

Liebe Eltern,

Power Pack Lernen soll Ihnen, wenn Sie Ihren Kindern bei der Beseitigung von Lernschwierigkeiten helfen möchten, Einblicke in wirksame Lern- und Arbeitsmethoden vermitteln und Ihnen zeigen, wie sich schulisches Lernen positiver gestalten lässt. Sie können beim Üben, Abhören und Nachsehen helfen. Wenn Schülerinnen und Schüler in bestimmten Fächern nämlich nicht die erhofften Leistungen erbringen, ist das nicht unbedingt eine Folge unzureichender Eignung für eine bestimmte Schulform, sondern in vielen Fällen das Ergebnis fehlender Kenntnisse über die richtigen Lern- und Arbeitsmethoden. Häufig wissen sie auch nicht, wie sie Lernstoff für ihren eigenen Lerntyp aufbereiten müssen. Schulisches Versagen kann aber auch die Folge fehlender mündlicher Mitarbeit, einer unzureichenden Selbstorganisation, einer schlechten Arbeitshaltung oder mangelhafter Konzentrationsfähigkeit sein.

Power Pack Lernen bietet zu den hier angesprochenen und zu vielen anderen Anforderungen sowie zur Beseitigung von Defiziten konkrete Hilfen an. Es zeigt auch Wege auf, wie der Erwerb von Wissen und das Einprägen von Lernstoff erleichtert werden können, was sich letztlich positiv auf die Schulleistungen auswirken wird. Ein Blick in das Inhaltsverzeichnis dieses Buches macht deutlich, dass alle für das Lernen wichtigen Anforderungen abgedeckt werden.
Die Kenntnis und Anwendung von Lern- und Arbeitstechniken sind gute Voraussetzungen für dauerhafte Schulerfolge. Schülerinnen und Schüler, die bereit sind, sie optimal zu nutzen, werden sowohl ihre Leistungen als auch ihre Motivation schnell verbessern.

Liebe Kolleginnen und Kollegen,

Power Pack Lernen wendet sich auch an Lehrerinnen und Lehrer, die bereits Lern- und Arbeitstechniken in ihren Unterricht integriert haben oder dies planen und bislang ein unterstützendes Methoden- bzw. Trainingsbuch vermisst haben. Dieses Buch eignet sich sowohl für die lernstoffbegleitende Einübung als auch für notwendige, selbstständige Wiederholungen von Lerntechniken.

Power Pack Lernen fördert das autonome und eigenverantwortliche Lernen der Schülerinnen und Schüler. Es ist so konzipiert, dass sie auch ohne Fremdhilfe damit arbeiten können, um Lernstrategien und Arbeitstechniken zu erwerben, nachzuschlagen oder zu wiederholen. Im Vergleich zu manch anderen Büchern über das „Lernen-wie-man-lernt“, die Lernwege lediglich beschreiben, ist in diesem Buch ein pragmatischer Ansatz gewählt worden: Die Aneignung von Arbeitstechniken ist in leicht nachvollziehbare Schrittfolgen aufgegliedert worden. Dies erleichtert den Schülerinnen und Schülern den eigenständigen Erwerb von Lerntechniken. Die mit diesem Buch erworbenen Fähigkeiten und Methodenkompetenzen sind transferfähig und sollen über die Schule hinaus die Orientierung und Auseinandersetzung mit Wissen und Informationen ermöglichen.

Die Lernumgebung optimieren

Ein fester Arbeitsplatz, an dem du regelmäßig alle schulischen Aufgaben erledigst, ist eine gute Voraussetzung für erfolgreiches Lernen. Es ist ratsam, dass du deine Aufgaben stets am gleichen Ort erledigst, weil du dich dann nicht umzugewöhnen brauchst. Deine Arbeitsumgebung sollte zweckmäßig eingerichtet sein. Dazu gehört u. a., dass die notwendigen Hilfsmittel in Reichweite zur Verfügung stehen, aber auch, dass du Ordnung auf deinem Schreibtisch hältst. Da lernfremde Gegenstände ablenken, sollten sie dort keinen Platz finden. Achte auch darauf, dass du dich an deinem Arbeitsplatz wohlfühlst und dort ungestört arbeiten kannst.

Den Arbeitsplatz organisieren

- Eine gut organisierte Arbeitsumgebung erleichtert dir das Lernen erheblich: Dein Schreibtisch muss eine genügend große Arbeitsplatte besitzen (ca. 100 x 60 cm). Von Vorteil sind Schubladen und Seitenfächer. Die Sitzhöhe richtet sich nach deiner Körpergröße (ausprobieren!). Der ideale Stuhl ist bequem, höhenverstellbar und hat Rollen. Auch muss die Rückenlehne an die Körperposition angepasst werden können.
- Auf den Schreibtisch gehören diejenigen Arbeitsmittel, die du ständig benötigst, wie z. B. ein Behälter mit Schreibutensilien, einer mit gelbem und rotem Marker, Büroklammern und ein Zettelkasten. Eine schwenkbare Schreibtischlampe sollte deinen Arbeitsplatz gut ausleuchten, um Ermüdungen der Augen vorzubeugen.
- In der Nähe deines Arbeitsplatzes sollte sich ein Regal mit weiteren Hilfsmitteln befinden, die der Ablage oder dem Nachschlagen dienen, z. B. Sammelordner, Lernkartei, Lexikon, Duden, fremdsprachliche Wörterbücher und Atlas. Vorteilhaft ist auch eine Pinnwand, weil sie sich für viele Zwecke nutzen lässt.
- Für schriftliche Arbeiten wie Referate, längere Ausarbeitungen und Internet-Recherchen bietet sich ein Computer an; aber Vorsicht, er kann auch zum Spielen verführen!
- Vermeide unnötige Ablenkung, z. B. durch Musik oder durch einen eingeschalteten Fernseher.

Tipp!

Lüfte dein Zimmer von Zeit zu Zeit gut durch, denn dein Gehirn benötigt eine große Menge an Sauerstoff!

Arbeitsmittel helfen lernen

Kreuze in der folgenden Liste an, welche Arbeits- und Hilfsmittel du besitzt:

Arbeitsmittel	Ja	Nein	Arbeitsmittel	Ja	Nein
Terminkalender/Wandkalender			Pinsel		
Notizblock			Tuschkasten		
Füllhalter			Zeichenblock		
Kugelschreiber			Ersatzhefte		
Bleistift			Ringbuch		
Feinliner			Ringbucheinlagen		
Farbstifte			Ordner		
Textmarker			Abc-Register		
Büroklammern			Schnellhefter		
Blatthefter und Klammern			Taschenrechner		
Tesafilm			Formelsammlung		
Zettelkasten			Geodreieck		
Locher			Zirkel		
Anspitzer			Pinnwand		
Radiergummi			Bücherregal		
Lineal			Lernkartei		
Kleber			Rechtschreibduden		
Schere			Allgemeines Lexikon		
Papierkorb			Fremdsprachliche Wörterbücher		

- Ergänze Fehlendes im Laufe der Zeit und ersetze schadhafte Materialien. Überprüfe deine Arbeitsmittel auch regelmäßig auf Vollständigkeit und Funktion.

Störungen am Arbeitsplatz beseitigen

Ein störungsarmer Arbeitsplatz ist eine wichtige Voraussetzung für erfolgreiches Lernen. Störungen und Ablenkungen vermindern die Konzentration und verringern sowohl die Lernleistung selbst als auch das Behalten und Erinnern. Durch häufige Unterbrechungen verlängert sich die Arbeitszeit oft beträchtlich. Nicht gegen alle Störfaktoren kann man etwas unternehmen. Manchmal muss man einfach lernen, damit zu leben, wie z. B. mit dem Straßenlärm. In vielen Fällen jedoch lassen sich lästige Störungen reduzieren oder ganz beseitigen, vor allem dann, wenn sie auf einen selbst zurückzuführen sind.

Störungen in der Lernumgebung

Wahrscheinlich wirst du auch häufiger durch unterschiedliche Störungen bei den Haus- bzw. Lernaufgaben abgelenkt oder aus der Konzentration gerissen. Einige Störungen und Ablenkungen, an denen du selbst beteiligt bist, wie z. B. eine SMS während der Hausaufgaben verschicken oder Radiomusik hören, kannst du selbst abstellen. Für die Beseitigung anderer Störungen benötigst du wahrscheinlich fremde Hilfe, z. B. bei Lärm in der Wohnung.

Tipp!
Störungen bei der Lernarbeit wirken sich nachteilig auf das Behalten aus. Versuche deshalb alles zu vermeiden, was dich ablenkt.

Unterschiedliche Störungen

Überlege, ob die folgenden Störquellen für dich zutreffen und was du dagegen unternehmen könntest.

Äußere Störquellen	Innere Störquellen	Weitere Störquellen
▪ Unterbrechungen durch Besuche, Anrufe, Besorgungen ▪ Musik, Fernseher, Lärm, Unterhaltungen anderer ▪ unbequemer Stuhl ▪ schlechtes Licht ▪ unorganisierter Arbeitsplatz ▪ falsche Zimmertemperatur ▪ aus dem Fenster schauen ▪ telefonieren oder SMS verschicken ▪ … ▪ …	▪ Konzentrationsschwäche ▪ Ärger oder Konflikte mit Eltern, Geschwistern, Lehrern etc. ▪ Grübeln über eine verpatzte Klassenarbeit ▪ Ängste, Überforderung („Das schaffe ich nie!“) ▪ keine Lust, Motivationsmangel ▪ Termin- und Zeitdruck ▪ Unwohlsein ▪ zu wenig Schlaf ▪ … ▪ …	▪ Lernstoff sitzt nicht richtig ▪ Wissenslücken ▪ Unterlagen suchen ▪ schlechte Zeitplanung ▪ fehlende Hilfsmittel ▪ unzureichende Arbeitstechniken ▪ oft den Schreibtisch verlassen und etwas anderes tun ▪ … ▪ …

Wenn dir noch weitere Störquellen eingefallen sind, füge sie in das Raster ein.

Störungen abstellen – Tipps

Tipp!
Musik im Hintergrund sollte man besser abstellen. Sie verschlechtert die Lernleistung und die Konzentration.

- Wenn du dich leicht ablenken lässt, kannst du von Zeit zu Zeit Konzentrationsübungen machen. Anregungen und Hilfen dazu findest du in diesem Buch (→ s. S. 27).
- Sprich auch mit deinen Eltern und Geschwistern, um gemeinsame Lösungen zu finden. Ihr könnt z. B. Hausruhe für eine bestimmte Zeit vereinbaren. Eine weitere Möglichkeit, Störungen zu verringen, ist ein Schild an deiner Tür mit der Aufschrift „Bitte nicht stören", das dann auch beachtet werden muss.
- Gegen Baustellenlärm, Rasenmähen des Nachbarn etc. lässt sich wohl nichts unternehmen. Hier hilft nur, das Fenster zu schließen und sich damit abzufinden.

Störquellen aufspüren und abstellen

Orientiere dich an obigem Raster und führe eine Zeit lang eine Liste darüber, welche Störungen dich bei der Lernarbeit beeinträchtigen und was du dagegen tun willst. Hänge die Liste deutlich sichtbar in der Nähe deines Schreibtisches auf.

Beispiel:

Art der Störung	Was ich dagegen tun werde
den Arbeitsplatz verlassen und etwas anderes tun	Uhr stellen und 15 Minuten durcharbeiten
SMS senden oder lesen	Handy ausschalten
Radio/CD hören	...
...	...
...	...

Ordnungssysteme erleichtern den Durchblick

Im Laufe des Unterrichts sammeln sich deine eigenen Notizen, Ausarbeitungen und manch andere Materialien an, die in den einzelnen Fächern ausgeteilt werden. Um den Überblick nicht zu verlieren, benötigst du deshalb Ordnungs- und Ablagesysteme, die dir helfen, Lernstoff übersichtlich zu sammeln und abzuheften, so dass du ihn bei Bedarf schnell wiederfindest. Dadurch kannst du dir viel Zeit und lästiges Suchen ersparen. Am Anfang des Schuljahres genügen vielleicht noch Hefte und Ringbücher, um den Überblick zu behalten; sobald jedoch zusätzliche Unterlagen wie Zeitungsausschnitte, Arbeitsblätter etc. abgelegt werden müssen, benötigst du einen oder mehrere Ordner. Überlege dir sorgfältig, wo und wie du deine Unterlagen abheften willst, denn bereits eine gut durchdachte Organisation des Materials spielt eine wichtige Rolle bei der späteren Erinnerung.

Ordnungs- und Sammelsysteme

Die Einrichtung eines gut organisierten Ordnungssystems hilft dir dabei,

- die Übersicht über deine Unterrichtsmaterialien zu behalten,
- Tafelbilder, Kopien, Mitschriften etc. an der richtigen Stelle abzuheften,
- Lernstoff bei Bedarf schnell wiederzufinden,
- mehr Zeit für das Lernen selbst zu gewinnen.

Im Allgemeinen reichen die folgenden Ordnungs- und Sammelsysteme aus, um Notizen und Lernmaterialien übersichtlich abzuheften und schnell wieder verfügbar zu machen:

	Ordnungssysteme	Tipps!
	**Einzelordner** Geeignet für schriftliche Fächer, in denen im Laufe eines Schuljahrs umfangreicheres Material anfällt. Ein Register trägt dazu bei, Materialien geordnet abzuheften und schnell wiederzufinden. Die folgende Einteilung ist sinnvoll und übersichtlich: - Unterrichtsmaterialien zum gerade durchgenommenen Stoff, - Notizen und Mitschriften, - Arbeits- und Übungsblätter, - Tests. Wenn im Unterricht und für Hausaufgaben ein Ringbuch benutzt wird, lassen sich Ausarbeitungen und Tafelbilder schnell in Ordner umheften.	Am Ende eines Schuljahres überprüfen, was in den Ordnern belassen und was entsorgt werden kann!

	Sammelordner Sammelordner lassen sich für verschiedene Fächer gleichzeitig benutzen. Sobald jedoch ein Unterrichtsfach einen zu großen Umfang beansprucht, legt man dafür einen eigenen Ordner an. Die Register-Einteilung entspricht der eines Einzelordners. Damit man jedoch schnell auf einzelne Fächer zugreifen kann, teilt man diese durch beschriftete Trennblätter voneinander ab.	
	**Stehsammler** Ein Stehsammler ist eine Box mit teilweise offenem Rücken, in der man Zeitschriften und Magazine aufbewahrt. Diese lassen sich schnell entnehmen und wieder zurückstellen.	
	**Ablageschale** In einer Ablageschale sammelt man vorübergehend Notizblätter sowie Materialien, die später in Ordnern abgeheftet werden. Eine weitere Schale kann man für Arbeitsunterlagen nutzen, die gerade im Unterricht benötigt werden.	Was sich an Unterlagen angesammelt hat, kritisch durchsehen und spätestens am Ende einer Woche abheften!
	**Arbeitsmappe** Eine Arbeitsmappe legt man an, wenn man Informationen für eine umfangreichere Hausarbeit oder für einen Vortrag sammelt. Sie hilft beim Organisieren und enthält unterschiedliche Materialien wie Textauszüge, Textkopien, Skizzen, Diagramme, Notizen über den Arbeitsverlauf, Hinweise auf Fundstellen etc.	Lege vorne in die Mappe ein 3-spaltiges DIN A4-Blatt mit folgender Einteilung: 1. Das habe ich erledigt. 2. Das muss ich noch machen. 3. Hinweise
	**Karteikästen** Karteikästen wie die 5-Fächer-Lernkartei werden von vielen Schülerinnen und Schülern für das Einprägen fremdsprachlicher Vokabeln genutzt, aber auch als Wissenskarteien, z. B. für das Lernen von Fachbegriffen, geschichtlichen Daten, Fakten und Ereignissen.	(→ S. 37)

Beispiel: Inhaltsverzeichnis für einen Sammelordner

1	**Englisch**	Hausaufgaben, Übungen, Tests
2		Notizen und Mitschriften, Tafelbilder
3		Arbeitsblätter, Fotokopien
4		Wortschatz-Zusammenstellung
5	**Geschichte**	Mitschriften und Tafelbilder
6		Zusatzmaterialien, Kopien
7		Zeitungsausschnitte
8	**Mathe**	Mitschriften, Formeln und Rechenwege
9		Geometrie
10		Übungen und Tests

Mehr Übersicht durch Zeitplanung

Nicht nur Erwachsene klagen zuweilen über einen Mangel an verfügbarer Zeit. Auch Schülerinnen und Schüler stöhnen oft, dass sie neben der Schule viele Termine für Hobbys, Sport und andere Freizeitaktivitäten wahrnehmen müssen und dabei die notwendige Zeit für schulische Aufgaben oft zu knapp bemessen ist.
Wenn dies auch für dich zutrifft, überlege, wie du deine Lern- und Arbeitszeit mit deiner persönlichen Freizeitplanung in Einklang bringen kannst. Oft hilft es schon, einen Tages- oder Wochenplan anzufertigen, aus dem sich ablesen lässt, welche Veränderungen du vornehmen könntest, um stressigen Zeitdruck abzubauen.

Vorteile der richtigen Lern- und Zeitplanung

Der planvolle Umgang mit Zeit bringt dir eine Reihe von Vorteilen:

- Du lernst deine Aufgaben besser zu organisieren,
- du gerätst nicht mehr so leicht unter Zeitdruck und Stress,
- du verringerst deine Fehleranfälligkeit,
- du behältst den Überblick über deine Aufgaben,
- du kannst deine Abgabetermine besser einhalten,
- du gewinnst mehr Zeit für Wiederholungen.

Die Lernzeit planen

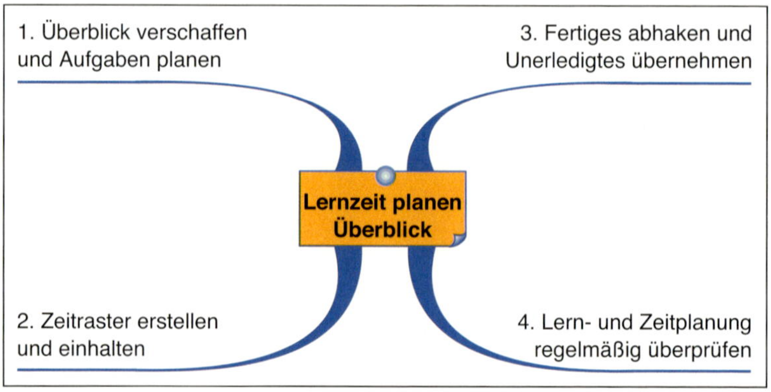

Tipp!
Plane Zeitreserven für Unvorhergesehenes und für zusätzliche Aufgaben ein.

1. Deine Aufgabenerledigung fällt dir leichter, wenn du dir zunächst einen genauen Überblick verschaffst. Schreibe die einzelnen Aufgaben auf kleine Zettel und ordne sie auf deinem Schreibtisch so an, wie du sie abarbeiten möchtest. Bleibe aber realistisch und nimm dir nicht zu viel vor.

2. Gewöhne dich daran, für die einzelnen Vorhaben ein ungefähres Zeitraster aufzustellen. Halte dich an den Plan und führe angefangene Aufgaben zu Ende. Schiebe keine unangenehmen Aufgaben vor dir her, das belastet dich nur.

3. Hake ab, was du erledigt hast. Falls du mit einer Aufgabe wider Erwarten nicht fertig geworden bist, übernimm sie in deinen Lern- und Zeitplan für den nächsten Tag.

4. Kontrolliere und überdenke deine Lern- und Zeitplanungen regelmäßig und verbessere sie, falls notwendig.

Zeitdieben das Handwerk legen

Wenn man seine Zeitplanung verbessern möchte, ist es sinnvoll, sie kritisch unter die Lupe zu nehmen, um festzustellen, ob und wo man zu viel Zeit vergeudet. Lies dir die folgenden Aussagen durch und kreuze an, welche für dich zutreffen.

	stimmt	stimmt zum Teil	stimmt nicht
Ich spiele häufig an meinem Computer.			
Ich verbringe viel Zeit vor dem Fernseher.			
Ich höre gern Musik bei den Hausaufgaben und lasse mich manchmal dadurch ablenken.			
Ich trödle oft herum und habe dann keine richtige Lust mehr, mit den Aufgaben anzufangen.			
Ich muss immer wieder meine Arbeitsmittel zusammensuchen, weil ich keine gute Ordnung halte.			
Ich lasse mich leicht ablenken und kann mich auch schlecht konzentrieren.			
Ich überlege zu lange, mit welcher Aufgabe ich beginnen soll.			
Ich unterbreche meine Aufgabe oft, um andere Dinge zu tun.			
Ich arbeite häufig unter Zeitdruck und setze mich dabei selbst unter Stress.			
Ich habe viele Hobbys und außerschulische Interessen, so dass ich meistens zu wenig Zeit für meine Schularbeit habe.			

Da vermutlich die eine oder andere Aussage auf dich zutrifft, überlege dir, was du gegen deine Zeiträuber unternehmen könntest, damit du deine Arbeitszeit besser zu nutzen lernst. Das wirkt sich auch positiv auf deine Freizeit aus. Eine gute Möglichkeit wäre, dass du dir Woche für Woche eine der angekreuzten Schwächen vornimmst und bewusst daran arbeitest, sie zu beheben.

Einen Wochenplan erstellen

Wenn du deine Zeitplanung verlässlich kontrollieren möchtest, fertige zu Wochenbeginn einen Plan an. Er gibt dir eine genaue Übersicht über schulbezogene und schulfremde Tätigkeiten und zeigt dir darüber hinaus, welche Aufgaben oder Freizeitverpflichtungen möglicherweise zu viel Zeit in Anspruch nehmen und ob du eventuell Umplanungen vornehmen müsstest. Wenn du dich an Wochenpläne gewöhnt hast, wirst du bald spüren, wie angenehm es ist, wenn man seine Zeiteinteilung selbst bestimmen und flexibel verändern kann.

Beispiel: Anjas Wochenplan

Zeit	Montag	Dienstag	Mittwoch	Donnerstag	Freitag
13.30	Hausaufgaben	Hefte in Ordnung bringen, nachtragen, korrigieren	Schulsport	Gitarrenunterricht	
14.00					Hausaufgaben
14.30	Einkaufen				
15.00	Französischnachhilfe	Anne besuchen	Computer	Hausaufgaben	
15.30					
16.00	Lektüre lesen	Bücher ausleihen	für Mathearbeit üben		für Mathearbeit üben
16.30		Fahrrad putzen			
17.00	Arztbesuch	im Garten helfen	Arbeitsmaterial aus Internet downloaden	Gruppenstunde	Ausflug mit der Clique
17.30					
18.00	Bio nachlernen	Tastschreiben üben	Voltigieren	mit engl. Lernkartei üben	
18.30					
19.00	Handballtraining	Einkaufen für Großeltern		Tastschreiben üben	
19.30			Hausaufgaben		Computer
20.00	Gitarre üben	Lektüre lesen		Kino	Fernsehen
20.30		Französisch pauken	Gitarre üben		Fernsehen

Auswertung

- Werte nun Anjas Wochenplan aus. Wie viele Stunden hat sie für die Schule und ihre sonstigen Tätigkeiten verbracht?
  - schulische Aufgaben (blau) ____________ Std.
  - schulähnliche Aufgaben (gelb) ____________ Std.
  - familiäre Tätigkeiten (braun) ____________ Std.
  - privat verplante Aktivitäten (grün) ____________ Std.
  - unverplante Freizeit (grün) ____________ Std.

Erstelle deinen eigenen Wochenplan

Kopiere und benutze das folgende Raster für die Planung der kommenden Woche.

Zeit	Montag	Dienstag	Mittwoch	Donnerstag	Freitag
13.30					
14.00					
14.30					
15.00					
15.30					
16.00					
16.30					
17.00					
17.30					
18.00					
18.30					
19.00					
19.30					
20.00					
20.30					

- Vergleiche deinen Plan mit Anjas Plan. Wie viel Zeit hast du für schulische Aufgaben verplant, wie viel für andere Tätigkeiten?

Die mündliche Mitarbeit verbessern

Mündliche Mitarbeit im Unterricht ist ein wichtiger Gesichtspunkt für die Notenfindung. In den Hauptfächern erhält sie oft genauso viel Gewicht wie der Durchschnitt aus den schriftlichen Klassenarbeiten. Regelmäßige aktive Mitarbeit wirkt sich deshalb positiv auf Leistungsbeurteilungen und Zeugnisnoten aus. Wenn du dich also in einem Fach verbessern möchtest, lässt sich das über vermehrte Beteiligung am Unterricht erreichen. Du musst deinen Vorsatz jedoch schnell umsetzen, sonst gerät er wieder in Vergessenheit und du fällst in deinen alten Trott zurück.

Bestandsaufnahme

- Dies könnten Gründe sein, warum du dich bisher wenig am Unterrichtsgeschehen beteiligt hast:

	stimmt	stimmt nicht
Ich bin zu bequem, um mich öfter zu beteiligen.		
Ich höre lieber zu.		
Wenn mich etwas nicht interessiert, schalte ich ab.		
Ich habe Angst, mich vor den anderen zu blamieren.		
Ich habe Angst vor der Lehrerkritik.		
Ich spreche nicht gern vor anderen.		
Ich möchte nicht als Streber gelten.		
Meine Nachbarn lenken mich oft ab.		
In der Klasse ist es zu laut.		
Ich begreife manches nicht.		
Ich weiß nicht genug.		
Ich traue mich nicht nachzufragen.		
Ich komme mit den Lehrerinnen und Lehrern nicht gut zurecht.		

Tipp!
Aktive Mitarbeit bedeutet:
- aufmerksam zuhören
- kritisch mitdenken
- häufiger mitreden
- Wichtiges notieren

- Wenn du mehr als dreimal „stimmt“ angekreuzt hast, solltest du versuchen, deine Unterrichtsbeteiligung bald zu verbessern. Mach dir zunächst Gedanken (evtl. auch Notizen) zu folgenden Punkten:
  – Was könnte ich tun, um mich besser zu beteiligen?
  – In welchen Fächern könnte ich beginnen?
  – Wann will ich damit anfangen? (Am besten schon morgen!)

- Wenn es dir schwerfällt, dich häufiger zu beteiligen, sprich mit jemandem, dem du dich anvertrauen kannst und der dir Ratschläge und Hilfen geben könnte.
- Deine Lehrerinnen und Lehrer werden dein verändertes Interesse und deine bessere Mitarbeit schnell bemerken und anerkennen. Wahrscheinlich bekommst du auch schon bald positive Rückmeldungen.

Strichliste zur Selbstkontrolle

Mithilfe einer Strichliste kannst du feststellen, wie oft du dich gemeldet hast und wie oft du drangenommen wurdest.

Datum	Fach	Ich habe mich … -mal gemeldet.	Ich bin … -mal drangenommen worden.	Lehrerrückmeldungen: positive (p)/negative (n)/ keine (k)
14.02.	Deutsch Mathe Bio Englisch …	x x x x x x x x x x x x x x x x x x x …	x x x x x x x x x x x x x …	p k k n k p p p k k p n k …
15.02.	… …	… …	… …	… …
…	…	…	…	…

Vorteile aktiver Mitarbeit

- Du nimmst zielstrebiger und bewusster am Unterricht teil.
- Du steigerst dadurch dein Interesse und deine Motivation.
- Du erhöhst deine Aufmerksamkeit und nimmst mehr Lernstoff auf.
- Aktives Lernen erspart dir Zeit, z. B. bei Hausaufgaben und bei Vorbereitungen auf Klassenarbeiten.
- Regelmäßige Mitarbeit bringt dir zudem größere Erfolge und mehr Selbstzufriedenheit.

Tipp!
Was du im Unterricht verträumst und durch Unaufmerksamkeit oder andere Ablenkungen nicht mitbekommst, musst du oft mühsam zu Hause nacharbeiten. Mitarbeit im Unterricht reduziert deinen Aufwand für die Hausaufgaben erheblich und verschafft dir mehr Freizeit.

Der Plan zum Erfolg

- Entscheide dich, in welchen Fächern du deine aktive Mitarbeit verbessern möchtest. Bereite dich auf deine mündliche Beteiligung durch Notizen und Fragen vor. Du könntest auch mit „Ersatzleistungen" beginnen, wenn dir das leichter fällt. Melde dich für eine Buchvorstellung, für einen Bericht über eine Fernsehsendung, für ein Unterrichtsprotokoll usw.

- Du wirst bald feststellen, wie du zusehends an Sicherheit gewinnst, die es dir leichter macht, häufiger mitzuarbeiten. Auch wenn sich der Erfolg nicht sofort einstellt, solltest du nicht aufgeben. Die folgenden Schritte können dir helfen, deine Vorsätze schneller umzusetzen:

1. Gute Voraussetzungen schaffen

- Stimme dich innerlich auf eine bessere Unterrichtsbeteiligung ein. Stell dir in Gedanken einmal vor, wie das z. B. in Deutsch, Geschichte oder in Mathe aussehen könnte.
- An deinem Arbeitsplatz zu Hause sollten stets die notwendigen Lernmittel und Hilfen wie Stifte, Zettelkasten, Hefte, Atlas etc. vorhanden sein und außerdem brauchst du eine Kladde für Notizen und Mitschriften im Unterricht.
- Vergewissere dich anhand deines Aufgabenheftes, was genau für die nächste Stunde zu lernen ist. Arbeite die aufgegebenen Texte rechtzeitig durch. Überlege und notiere dir auch Fragen, die du in der nächsten Stunde stellen könntest.

2. Der Einstieg

Melde dich beim Vorlesen oder Abhören der Hausaufgaben. Das kannst du vorher zu Hause einüben. Sei nicht enttäuscht, wenn du nicht bei all deinen Meldungen drangenommen wirst.

3. Zuhören – mitdenken – mitschreiben

- Hör im Unterricht konzentriert zu. Beteilige dich am Unterrichtsgespräch und überlege, ob du das Neue mit schon bekanntem Lernstoff verbinden kannst.
- Tafelanschriebe, Skizzen und Zeichnungen beinhalten oft das Wichtigste zum Lernstoff. Übertrage sie sorgfältig ins Heft. Notiere auch Lösungswege, z. B. in Mathe und Physik.
- Schreibe deine Hausaufgaben am besten im genauen Wortlaut auf, damit keine Unklarheiten entstehen.

4. Äußerst wichtig: Lernstoff nachbereiten

Arbeite deine Unterrichtsnotizen noch am gleichen Tag durch, weil dann deine Erinnerung noch frisch ist. Jede Nachbereitung des Lernstoffs ist schon eine erste Wiederholung und zugleich eine wirksame Übung. Sie sollte erfolgen, bevor du die neu gestellte Hausaufgabe löst. So prägt sich der Lernstoff nämlich besser ein und die Aufgabenlösung fällt dir leichter.

Angekündigten Lernstoff vorbereiten

Mitunter kündigt dein Lehrer oder deine Lehrerin ein neues Stoffgebiet für die nächste Stunde an. In einem solchen Fall ist es oft sinnvoll, wenn du dich schon vorher darüber informierst, auch wenn dies nicht ausdrücklich aufgegeben wurde. Und so könntest du dich vorbereiten:

- Notiere zunächst alles zum Thema, was du schon darüber gehört hast;
- schlage unbekannte Stichworte im Lexikon nach;
- tippe die Stichworte in deine Internet-Suchmaschine ein, lade ein oder zwei Links herunter und werte sie aus;
- ordne deine Notizen übersichtlich und gut lesbar an und benutze dazu ein Raster oder eine Mindmap (→ S. 69).

Vorlernen – darf man das?

Einige Schüler und Schülerinnen bereiten den gerade anstehenden Lernstoff häufig schon vor. Einige Lehrerinnen und Lehrer sehen das nicht gern, und manche Mitschüler halten dies auch für eine Art von Mogelei. Mitunter kann es jedoch trotzdem sinnvoll sein, ein Lehrbuchkapitel schon vorweg zu lesen, wenn man sich für ein Thema besonders interessiert und sich schon informieren möchte. Es kann aber auch sein, dass man mit den Erklärungen eines Lehrers Probleme hat und im Unterricht nicht dumm dastehen möchte, wenn man zu häufig nachfragt. Mit Vorwissen lassen sich Erklärungen und Informationen im Unterricht natürlich besser verstehen und einordnen, und auch das Mitschreiben während der Stunde fällt leichter. Ob du gelegentlich vorlernen willst, musst du also von Fall zu Fall selbst entscheiden.

Unser Gedächtnis und wie es funktioniert

Wenn du verstehen möchtest, wie man Unterrichtsstoff am besten behält und warum man ihn mitunter schnell wieder vergisst, musst du etwas mehr über die Arbeitsweise des Gehirns bzw. des Gedächtnisses wissen. Deshalb lernst du hier das **Dreispeichermodell** kennen. Hirnforscher gehen davon aus, dass das menschliche Gehirn drei Gedächtnissysteme besitzt, denen jeweils bestimmte Aufgaben bei der Lernstoffverarbeitung und seiner Abspeicherung zukommen.

1. Wahrnehmungsspeicher

Tipp!
Ein Sprichwort sagt: „Lernen und Erinnern ist ein stetiger Kampf gegen das Vergessen.“ Aber dem Vergessen kann man ja durch regelmäßige Wiederholungen entgegenwirken.

Wir nehmen Informationen mit verschiedenen Sinnen auf, die auch als Eingangskanäle bezeichnet werden. Dieses sind: Sehsinn, Hörsinn, Geschmackssinn, Geruchssinn und Tastsinn. Der größte Teil der eingehenden Informationen wird schnell wieder aus dem Wahrnehmungsspeicher gelöscht oder bleibt im Filter hängen, besonders dann, wenn sie im Moment der Aufnahme keine große Bedeutung haben oder wenn wir ihnen keine besondere Aufmerksamkeit zuwenden. Wenn man die neuen Informationen jedoch als interessant und wichtig bewertet oder wenn sie mit Gefühlen oder persönlichen Erfahrungen verbunden sind, haben sie es leichter, den Filter zum nächsten Speicher zu passieren.

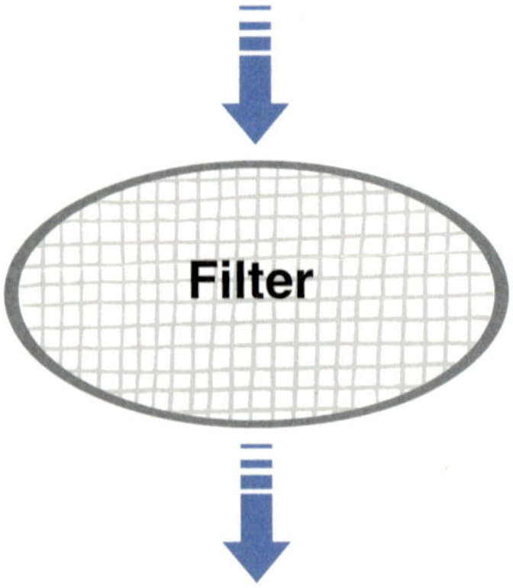

2. Kurzzeitspeicher bzw. Arbeitsspeicher

Tipp!
Der Zugriff auf den Langzeitspeicher ist umso leichter, je intensiver du dich zuvor mit dem Lernstoff im Kurzzeitspeicher auseinandergesetzt hast.

Dies ist der wichtigste Speicher des Gehirns. Ankommende Informationen und Eindrücke verweilen dort etwa 30 Minuten. Hier finden wichtige Verarbeitungsprozesse statt, die darüber entscheiden, was auf Dauer behalten wird und später auch wieder abrufbar sein sollte. Deshalb muss man den Lernstoff unbedingt (!) konzentriert und aufmerksam und mit allen Sinnen bearbeiten, strukturieren und ordnen, veranschaulichen, schreiben und halblaut mitsprechen, weil diese Lernmethoden darüber entscheiden, was man anschließend im Langzeitspeicher vorfindet.

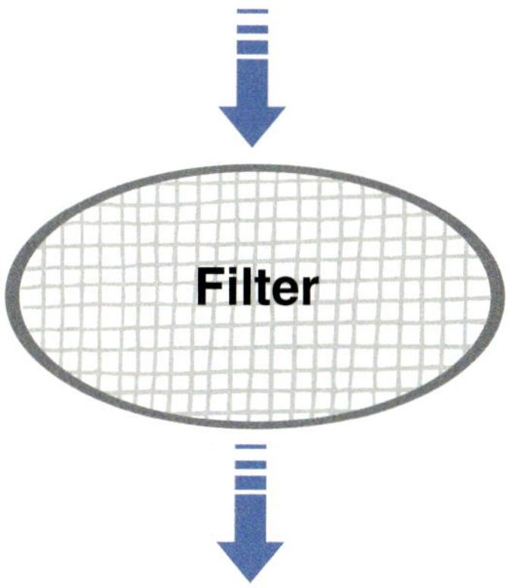

3. Langzeitspeicher

Hier werden die angekommenen Informationen dauerhaft abgespeichert und können für Lernprozesse und die Wiedergabe von Wissen jederzeit abgerufen werden. Wenn dies jedoch mit zu großen zeitlichen Abständen geschieht, verblasst Gelerntes schnell wieder und das Erinnern bereitet dann Probleme. Deshalb müssen regelmäßige Wiederholungsphasen eingelegt werden, damit der Lernstoff wieder an die „Oberfläche“ gelangt und dort verfügbar gehalten wird.

Den eigenen Lerntyp kennen lernen

Wir lernen über unterschiedliche Sinneskanäle. Allerdings sind diese Lernwege nicht bei allen Menschen gleich gut ausgeprägt. Der eine lernt am besten über das Auge und behält dann besonders gut, wenn er sich ein Bild ansieht oder ein Video anschaut (**visueller Typ**); ein anderer kann Informationen gut verarbeiten, die ihn über das Ohr erreichen und ihm bei Verstehensproblemen erklärt werden (**akustischer Typ**); und ein Dritter prägt sich den Lernstoff dann leicht ein, wenn er selbst etwas macht, wie Vokabeln abschreiben oder einen Versuch durchführen (**handelnder Typ**). In reiner Form kommen die drei Lerntypen meistens nicht vor, häufig sind auch die anderen Lernwege mehr oder weniger vorhanden. Je mehr Sinne jedoch beim Lernvorgang beteiligt sind, umso mehr Wissen kann im Gehirn vernetzt und gespeichert werden.

Lerntypentest

Wenn du herausfinden möchtest, über welche Sinneskanäle du besonders gut lernst und behältst, lies dir die folgenden Aussagen aufmerksam durch und überlege, was für dich am ehesten zutrifft, bevor du deine Punkte einträgst.

Auf diese Weise merke ich mir … **wenig** = 1 Punkt **einiges** = 2 Punkte **viel** = 3 Punkte	Punkte
1. Eine Mitschülerin erklärt mir einen mathematischen Lösungsweg.	
2. Ich sehe mir Abbildungen in meinen Büchern an.	
3. Beim Auswendiglernen oder Einprägen gehe ich in meinem Zimmer hin und her.	
4. Ich schaue mir ein Video über den Lernstoff an.	
5. Ich spreche mir eine schwierige Aufgabenstellung häufiger vor.	
6. Ich markiere Wichtiges in einem Text mit einem Textmarker.	
7. Ein Mitschüler stellt im Unterricht ein Buch vor.	
8. Ich besorge mir zusätzliches Material zu einem Thema, das gerade behandelt wird.	
9. In Physik, Bio oder Chemie präge ich mir genau ein, wie ein Versuch abläuft.	
10. Ich schreibe mir neue Vokabeln einige Male auf.	
11. Ich höre mir eine (englische) Übungskassette an.	
12. Ich mache einen Unterrichtsversuch zu Hause nach.	
13. Ich schaue mir im Atlas an, wo bestimmte Staaten liegen.	
14. Ich höre aufmerksam zu, wenn meine Lehrerin oder mein Lehrer etwas erklärt.	
15. Im Englischunterricht mache ich mir öfter ein inneres Bild von einer Vokabel.	

Auswertung:
Addiere die Punktezahl für die jeweiligen Aussagen:

Lerntyp Sehen	Aussagen 2 + 4 + 9 + 13 + 15	= ________
Lerntyp Hören	Aussagen 1 + 5 + 7 + 11 + 14	= ________
Lerntyp Handeln	Aussagen 3 + 6 + 8 + 10 + 12	= ________

Die Summe deiner Punktezahlen zeigt dir, über welchen Sinneskanal du im Vergleich zu den anderen besonders gut lernst. Vielleicht bist du aber sogar ein Mischtyp und setzt verschiedene Lernwege ein. Das wäre besonders günstig, weil du dann mehr behältst.

Die Lernwege der unterschiedlichen Lerntypen

In der folgenden Zusammenstellung erfährst du, wie die unterschiedlichen Lerntypen besonders gut lernen. Verwende die Hinweise, die für deinen Lerntyp aufgeführt sind, und ergänze sie durch die Tipps für die anderen Lerntypen, damit du auch Lernwege trainierst, die du weniger häufig nutzt. Denn bei der Aufnahme und Verarbeitung von Informationen und Wissen ist es wichtig, möglichst viele Sinneskanäle zu nutzen.

Tipp!
Bei manchen Lehrerinnen oder Lehrern verstehst du den vermittelten Lernstoff recht gut, bei anderen hast du vielleicht Verständnis- oder Behaltensprobleme. Der Grund liegt darin, dass sie dich nicht über deine bevorzugten Sinneskanäle ansprechen. In diesen Fällen musst du das Lernmaterial noch einmal auf deinen Lerntyp abgestimmt aufbereiten.

Der visuelle Typ
Er lernt am besten, …

- wenn er sich Bilder, Zeichnungen, Skizzen etc. zum Lernstoff ansieht,
- wenn er ein geschichtliches Ereignis oder einen Unterrichtsversuch wie einen Film vor seinem geistigen Auge ablaufen lässt,
- wenn die Lernstoffvermittlung durch Videos, Grafiken und andere Veranschaulichungen ergänzt wird,
- wenn er selbst Lerntexte bildlich veranschaulicht,
- wenn er sich z. B. Bilder unterschiedlicher Gebirgsformationen anschaut, sie vergleicht und dabei spricht,
- wenn er sich ein Lernposter anfertigt,
- etc.

Der akustische Typ
Er lernt am besten, …

- wenn er aufmerksam zuhört,
- wenn er bei einem Lehrervortrag innerlich leise mitspricht,
- wenn er nachfragt und sich etwas erklären lässt,
- wenn er anderen etwas erklärt,
- wenn er sich einen Text halblaut vorspricht,
- wenn er sich selbst einen Vortrag hält,
- wenn er beim Fremdsprachenlernen Kassetten bespricht und abhört,
- etc.

Hinweis!
Weitere Lerntipps findest du auf Seite 99.

Der Handlungstyp
Er lernt am besten …

- durch eigenes Tun,
- wenn er etwas bastelt oder sich ein Modell zeichnet oder baut,
- wenn er etwas Gelerntes ausprobiert,
- wenn er etwas anfasst oder abtastet,
- wenn er beim Lernen Gesten, Mimik und Körperbewegungen einsetzt,
- wenn er ein Gedicht oder andere Texte dramatisch spricht,
- wenn er Texte markiert, sie in Tabellenform bringt oder sich einen Stichwortzettel anfertigt,
- wenn er neue Vokabeln oder eine Formel einige Male schreibt,
- etc.

Wusstest du, dass wir …	**behalten**	**vergessen**
10 % von dem behalten, was wir lesen,	10 %	90 %
20 % von dem behalten, was wir hören,	20 %	80 %
30 % von dem behalten, was wir sehen,	30 %	70 %
50 % von dem behalten, was wir hören und sehen,	50 %	50 %
70 % von dem behalten, worüber wir sprechen,	70 %	30 %
90 % von dem behalten, was wir selbst ausprobieren und durchführen?	90 %	10 %

Konzentration und Entspannung

Die Fähigkeit, sich über bestimmte Zeiträume auf eine Sache konzentrieren zu können, ist eine wichtige Voraussetzung für erfolgreiches Lernen. Viele Schülerinnen und Schüler haben damit jedoch Schwierigkeiten. Dafür gibt es vielfältige Ursachen. Einer der Gründe ist oft ein Gefühl der Lustlosigkeit, das sich bei ihnen einstellt, wenn sie ihre schulischen Aufgaben erledigen müssen. Häufig führen auch persönliche Probleme und Störungen in der eigenen Lernumgebung zu Ablenkungen und damit zu Unaufmerksamkeit. Ohne Konzentration bleibt Lernen jedoch langfristig wirkungslos. Es gibt aber Möglichkeiten, gegen eine Reihe von Formen der Konzentrationsschwäche anzugehen, um dadurch seine Aufmerksamkeit zu verbessern.

Der Konzentrationsschwäche auf der Spur

Kreuze im folgenden Fragebogen an, was für dich zutrifft.

	Ja	Nein
Bevor ich mit meiner Arbeit beginne, lege ich alle notwendigen Arbeitsmittel zurecht.		
Ich schalte alle Störquellen in meinem Zimmer aus, auch mein Handy.		
Ich stimme mich innerlich auf meine Hausaufgaben ein.		
Wenn ich an meinem Schreibtisch sitze, stellt sich meine Konzentration von alleine ein.		
Ich mache mir einen Plan, in welcher Reihenfolge ich meine Aufgaben erledigen will.		
Ich bleibe geduldig, auch wenn meine Aufgabenerledigung länger dauert als geplant.		
Ich vermeide es, von einer Aufgabe zur anderen zu wechseln, wenn sich Probleme ergeben.		
Wenn ich ermüde, lege ich erst einmal eine kurze Pause ein.		
Ich arbeite fast immer an einem festen Arbeitsplatz.		
Falls mir etwas Wichtiges einfällt, notiere ich es mir und arbeite dann sofort weiter.		
Wenn ich Geräusche vor dem Haus höre, bleibe ich trotzdem an meinem Schreibtisch sitzen.		
Wenn ich eine schwierige Aufgabe gut gelöst habe, belohne ich mich.		
Wenn ich unruhig werde oder nervös bin, mache ich Entspannungsübungen.		
Es fällt mir leicht, mich bei Klassenarbeiten für längere Zeit zu konzentrieren.		
Wenn im Unterricht ein komplizierter Stoff erläutert wird, höre ich immer konzentriert zu.		

Wenn du mehr als drei Fragen mit „Nein“ beantwortet hast, solltest du an der Verbesserung deiner Konzentrationsfähigkeit arbeiten.

Was du gegen deine Konzentrationsschwäche tun kannst

- Stimme dich auf deine Aufgaben ein. Falls du wenig Lust verspürst, sie zu erledigen, denke daran, dass du sie früher oder später doch

Hinweis!
Schau dir zu diesem Thema auch noch einmal das Kapitel über Störungen an (→ S. 9).

machen musst, sonst türmen sie sich zu einem gewaltigen Berg auf. Dies würde dir nur noch mehr Stress und Verdruss bereiten.

- Wenn du mit einer Aufgabe begonnen hast, führe sie auch zu Ende, bevor du etwas anderes anfängst.
- Versuche eine positive Einstellung zu deinen Problemfächern zu gewinnen. Das erleichtert dir die Aufgabenerledigung.
- Schalte alle Störquellen aus, auf die du Einfluss hast, z. B. das Handy, das Radio und den Fernseher.
- Tu die Dinge, die du tust, bewusster und mit größerer Aufmerksamkeit als bisher.
- Um deine Konzentrationsfähigkeit zu stärken und Ermüdungen vorzubeugen, schaff dir Abwechslung zwischen mündlichen und schriftlichen Aufgaben und Stoffgebieten, die du gern bzw. nicht so gern erledigst.
- Denke daran, dass wir uns nur über eine bestimmte Zeitspanne voll konzentrieren können. Deshalb ist es wichtig, rechtzeitig Pausen einzulegen (→ S. 30).
- Belohnung schafft Motivation! Wenn es dir gelungen ist, eine schwierige Aufgabe konzentriert zu Ende zu führen, belohne dich.

Übungen zur Entspannung und zur Steigerung der Konzentration

Hinweis!
Die Beseitigung von Konzentrationsschwächen braucht Zeit und konstante Übung.

Die folgenden Vorschläge müssen nicht alle hintereinander umgesetzt werden. Sie sollen dir jedoch zeigen, dass es eine breite Palette an Übungsmöglichkeiten gibt. Entscheide dich für eine Übung, die du dann eine Woche lang ausprobierst. Dann wähle eine andere.

- Nimm eine bequeme Sitzposition ein und konzentriere dich auf deine Atmung. Beim Einatmen sprich innerlich „ein" und beim Ausatmen „aus". Atme ruhig und tief und achte darauf, wie die Luft ein- und ausströmt und wie du dich entspannst. – Übungsdauer: ca. fünf Minuten.
- Du erinnerst dich gewiss an einen schönen Ort/Platz, an dem du dich wohlfühlst bzw. wohlgefühlt hast. Vielleicht ist er in eurer Wohnung, in eurem Garten, in einem Urlaubsort, in den Bergen, in einem Park etc. – Schließe deine Augen und sieh dir den Ort/Platz in deiner inneren Vorstellung genau an. Nach etwa fünf Minuten öffne deine Augen wieder, recke und strecke dich und genieße dein Gefühl der Entspannung.
- Schau dir bewusst für ca. zwei Minuten einen Gegenstand an, z. B. deinen Wecker, und präge dir möglichst viele Einzelheiten ein. Schließ dann die Augen und stell dir das Bild des Weckers vor. Fertige anschließend eine Zeichnung an und vergleiche sie mit dem Gegenstand.
- Deinen Tastsinn und deine Konzentration kannst du schulen, wenn du Gegenstände mit unterschiedlichen Oberflächen, z. B. eine Walnuss, ein Stück Holz, eine Münze, mit geschlossenen Augen abtastest. Die Übung gewinnt an Wirksamkeit, wenn du jemandem beschreibst, was du erfühlt hast.

Hinweis!
Man muss auch lernen, bei Störungen, die man nicht abstellen kann, wie z. B. Straßen- oder Baulärm, konzentriert zu bleiben. Auch dies bedarf der Übung und Gewöhnung.

- Auch die Augen müssen zwischendurch ausruhen. Nach einer längeren Arbeitsphase solltest du sie für ca. zwei Minuten schließen. Es tut den Augen aber auch gut, wenn du ab und zu ins Grüne schaust.
- Ein gutes Training deiner Konzentrationsfähigkeit besteht darin, einen Wecker auf 15 Minuten zu stellen und nicht eher mit den Aufgaben aufzuhören, bis er abgelaufen ist.
- Wenn du spürst, dass deine Konzentration nachlässt, lege eine Pause ein. Steh von deinem Arbeitsplatz auf, öffne das Fenster, mache ein paar tiefe Atemzüge und recke und strecke dich dabei. Dadurch wird die Atmung angeregt und die Sauerstoffzufuhr zum Gehirn verbessert.

Weitere Übungen

- Bilde aus einem Wort innerhalb von zehn Minuten möglichst viele neue Wörter. Du kannst bei jedem neuen Wort auf die Buchstaben des Ausgangswortes zurückgreifen. Beispiel: Hausmeister → Maus, Ei, Rest, …
  Weitere „Baustein“-Wörter sind: Sportsendung, Klassenfete, Schulleiter, …
- Notiere fünf längere Wörter und schreibe sie anschließend rückwärts. Beispiel: Hausnummer → remmunsauh.
- Schreibe die ersten 10 Zeilen eines Textes in Schönschrift ab.
- Wähle dir einen nicht zu langen Textabschnitt aus und unterstreiche alle „e“.
- Schreibe sechs zweistellige Zahlen untereinander und addiere sie im Kopf (also: 12 + 15 = 27 + 18 = 45 + ...). Überprüfe dein Ergebnis auf Richtigkeit.
- Wähle fünf Buchstaben des Alphabets aus und schreibe sie untereinander. Suche dann jeweils fünf Wörter, die mit den Buchstaben beginnen.
  Beispiel: A: Auge, Amateur, auch, Atlas, abschlagen
  D: darüber, Dachboden, …
- Schau einige Minuten aus deinem Fenster und notiere anschließend, was du gesehen hast.
- Höre dir die halbstündlichen Kurznachrichten im Radio an und notiere anschließend in Stichworten, was du behalten hast.
- Original und Fälschung: Diese Suchaufgabe nach versteckten Fehlern in einem Bild findest du in vielen Zeitschriften. Versuche die Fehler in möglichst kurzer Zeit zu entdecken.
- Schließe deine Augen und stelle dir eine große weiße Leinwand vor, auf der sich drei Gegenstände befinden, z. B. Apfel, Birne, Banane. Konzentriere dich auf die drei Früchte und versuche sie in allen Einzelheiten wahrzunehmen.

Tipp!
Wenn du deine Übungen regelmäßig durchführst, wirst du bald feststellen, dass sich deine Konzentrationsfähigkeit spürbar verbessert.

Viele andere interessante Übungen findest du in relativ preiswerten Taschenbüchern. Schau sie dir genau an, bevor du ein Exemplar kaufst, das dir zusagt. Im Zweifelsfall frage den Buchhändler oder die Buchhändlerin um Rat.

Auch das Gehirn braucht Pausen

Bei der Erledigung deiner Hausaufgaben solltest du in regelmäßigen Abständen Pausen einlegen, damit du nicht zu schnell ermüdest und wieder Energie für die nächsten Aufgaben sammeln kannst. Pausen unterstützen auch die Arbeitsweise des Gehirns, das einige Zeit benötigt, um das Gelernte abzuspeichern und behaltbar zu machen. Regelmäßige Pausen sind bei geistiger Arbeit unentbehrlich und zudem noch leistungssteigernd. Und je störungsfreier die jeweiligen Pausen ablaufen, umso wirksamer ist ihr gedächtnisfördernder Effekt. Insofern sind Pausen wichtige Bestandteile der Lernzeit.

Pausen – und was man beachten sollte

- Plane Erholungspausen ein und unterbrich deine Lernarbeit, wenn deine Konzentration nachlässt.
- Bearbeite jedoch den jeweiligen Lernstoff vor der Pause möglichst zu Ende und lege dir die Aufgaben zurecht, mit denen du anschließend weitermachen willst.
- Steh in den Pausen vom Schreibtisch auf und beschäftige dich mit etwas anderem.
- Zu häufige Pausen sind für die Motivation und den Arbeitsrhythmus jedoch nachteilig.

Merke: Arbeitszeit = Lernzeit + Pausen

Pausen während der Hausaufgaben

Tipp!
Wer sich Pausen leistet, leistet mehr.

Je länger die Hausaufgaben-Erledigung dauert, desto länger sollten auch die Lernpausen werden. Im Folgenden findest du Richtwerte, die du leicht abwandeln kannst. Sobald du jedoch ermüdest, lege eine Pause ein und mache einige gymnastische Übungen, damit du wieder in Schwung kommst.

1. Pause nach 30 Minuten Arbeit: ca. 5 Minuten
2. Pause nach 60 Minuten Arbeit: ca. 10 Minuten
3. Pause nach 90 Minuten Arbeit: ca. 15 Minuten

Was man in den Pausen tun kann

Tipp!
Wer dem Gehirn keine Pausen gönnt, läuft Gefahr, vieles umsonst gelernt zu haben.

In den Arbeitspausen solltest du etwas tun, das weit von allen Lerntätigkeiten entfernt ist, z. B.:

- Atemübungen am offenen Fenster machen, Sauerstoff tanken,
- im Zimmer umhergehen, sich räkeln und strecken,
- etwas essen und trinken.

Hefteinträge gestalten

Deine Hefte für die verschiedenen Fächer sind ein wichtiges Arbeitsmittel, um festzuhalten, was im Unterricht besprochen und erarbeitet worden ist, und um deine Hausaufgaben zu notieren. Sie enthalten wichtige Notizen, Tafelbilder, Skizzen und schriftliche Aufgabenlösungen, in denen du dich mit dem Lernstoff beschäftigt hast. Du brauchst sie in erster Linie zur Nachbereitung des Unterrichts oder wenn du etwas wiederholen möchtest, z. B. zur Vorbereitung auf einen Test oder eine Klassenarbeit. Deshalb ist es wichtig, Haushefte sorgfältig zu führen, damit du deine Aufzeichnungen zu einem bestimmten Thema auch noch nach längerer Zeit leicht wiederfindest und verstehst. Arbeite den Unterrichtsstoff stets so aus, dass du ihn jederzeit zum Lernen verwenden kannst.

Worauf kommt es bei Hefteinträgen an?

Am besten eignet sich ein dickeres DIN A4-Heft, das du über einen längeren Zeitraum verwenden kannst. Wenn es einen breiten Rand hat, hast du viel Platz für Korrekturen und Notizen. Folgender Seitenaufbau ist übersichtlich:

Tipp!
Wenn du für alle Fächer das gleiche Ordnungssystem verwendest, behältst du immer den Überblick!

Gründe für den Ausbruch des Ersten Weltkrieges

15.01.200…

Zeitraum des Krieges: 1914 – 1918

Unmittelbarer Anlass: Ermordung des österreich. Thronfolgerpaars am 28.06.1914 in Sarajevo.

28.07.1914: Österr.-Ungarn erklärt Serbien Krieg. Zustimmung Deutschlands. Russland ruft Generalmobilmachung aus.*) Attentat ist Anlass für europ., später globalen Krieg. Fast ein Dutzend Länder allein in Europa beteiligt.

…

Sarajevo = Hauptstadt von Bosnien u. Herzegowina

Weitere Gründe für den Weltkrieg
- Interessenskonflikte zwischen europ. Staaten
- Rivalität zwischen See- und Kolonialmächten Großbritannien u. Deutschland
- Deutschlands Streben nach Weltgeltung
- Konflikt D.s mit Frankreich u. Russland
- Wettrüsten verstärkt Bedrohungsgefühle

Zwei feindliche Blöcke:

Großbritannien Frankreich Russland	Österr.-Ungarn Deutsches Reich

12

*) Deutschl. erklärt Russl. Krieg am 01.08.1914

Unterstreiche und/oder nimm farbige Stifte für **Überschriften** oder Dinge, die besonders wichtig sind. Dann findest du sie besser wieder.

Das **Datum** kommt auf den Rand.

Unterstreichungen, Absätze und Leerzeilen erhöhen die Übersicht und Lesbarkeit.

Du musst nicht immer einen zusammenhängenden Text schreiben. Oft genügen **Stichworte**. Auch Abkürzungen sind erlaubt.

Den Rand kannst du für Notizen nutzen.

Aufzählungen sind besonders **übersichtlich**. Mache am Anfang einen Punkt oder einen Strich.

Wenn du **Tafelbilder** einrahmst, kannst du sie dir oft besser einprägen.

Seitenzahlen kannst du in ein Inhaltsverzeichnis übernehmen. So findest du immer alles wieder.

Hast du etwas vergessen? Mit einer **Fußnote** (Nummer oder Sternchen) kannst du es unten auf der Seite nachtragen.

Noch ein paar Tipps

- Nummeriere die Seiten deines Haushefts und nutze die ersten beiden Blätter als Inhaltsverzeichnis. Trage dort den Titel (Kurzform) der Hausaufgaben mit Seitenzahlen ein. So sparst du Zeit, wenn du schnell etwas nachschlagen möchtest.
- Gestalte Heftseiten möglichst übersichtlich und lockere sie grafisch auf, damit du dich jederzeit schnell orientieren kannst. Achte dabei auf eine geordnete Platzaufteilung und klare Einrahmungen. Optisch ansprechend aufbereitete Texte prägen sich beim Leser besonders schnell ein.
- Benutze einen Füller und schreibe sauber, deutlich und nicht zu klein. Für Überschriften wähle eine größere Schrift. Zum Unterstreichen und Durchstreichen benutze ein Lineal.
- Trage fehlende Hefteinträge rechtzeitig nach, wenn du einmal nicht am Unterricht teilnehmen konntest oder vergessen hast, deine Aufgaben zu machen. Später denkst du vielleicht nicht mehr daran!

Hausaufgaben durchdacht planen

Viele Schülerinnen und Schüler empfinden Hausaufgaben als eine unangenehme Belastung und oft fällt es ihnen schwer, rechtzeitig damit zu beginnen. Als Folge werden sie aufgeschoben, gar nicht gemacht oder lustlos angefertigt, was dann zu Konflikten mit Eltern und der Schule führt. Hausaufgaben sind jedoch keineswegs nur eine lästige Schülerpflicht. Sie sind wichtig, weil sie das schulische Lernen ergänzen und vertiefen. Wenn man sie regelmäßig erledigt, spart man Zeit für die spätere Vorbereitung auf Klassenarbeiten und kann auch im Unterricht erfolgreicher mitarbeiten. Außerdem fördern sie das selbstständige Arbeiten. Hausaufgaben helfen den Lernerfolg zu kontrollieren und eventuelle Wissenslücken zu beseitigen und sie festigen neu vermittelten Lernstoff. In manchen Fällen dienen sie auch dazu, ein Thema für die Folgestunden vorzubereiten.

Hausaufgabenheft

Für eine überschaubare Arbeitsplanung ist es wichtig, ein Hausaufgabenheft zu führen, in dem du alle schulischen Aufgaben notierst. Wenn du Zweifel hast, ob du eine Aufgabenstellung richtig verstanden hast, rufe jemanden aus deiner Klasse an und frage nach.

Tipps für die Erledigung der Hausaufgaben

Falls du dich häufiger aufraffen musst, um deine Hausaufgaben zu erledigen, oder gar Unlust verspürst, können die folgenden Hinweise dir helfen, das Problem in den Griff zu bekommen.

Hausaufgaben zweckmäßig aufteilen – das Dreistufenmodell

1. Man beginnt mit solchen Aufgaben, die einem liegen und leichtfallen. Das schafft Erfolgserlebnisse und begünstigt den Einstieg in die nachfolgende Lernarbeit.
2. Dann werden die schwierigeren Aufgaben bearbeitet, die Ausdauer und besondere Konzentration erfordern. Dazu gehören z. B. Mathe-Aufgaben, Texte analysieren und Vokabeln lernen.
3. Zum Schluss folgen Routineaufgaben wie mündliche Vorbereitungen, praktische Arbeiten für den Kunstunterricht, Mitschriften aufarbeiten, Wiederholungen etc.

- Lerne möglichst immer zur gleichen Zeit am gleichen Ort, das steigert die Lernbereitschaft des Gehirns.
- Erledige deine Hausaufgaben an dem Tag, an dem sie gestellt wurden, weil dann deine Erinnerung an den Lernstoff noch frisch ist.
- Beginne nicht sofort nach dem Mittagessen, sondern lege eine Entspannungsphase ein.
- Sorge für Ordnung auf deinem Schreibtisch und räume alle Dinge fort, die du nicht für deine Aufgabenerledigung benötigst.

Tipp!

Ähnliche Lernstoffe hemmen sich gegenseitig. Vermeide es deshalb z. B., Englisch- und Französischvokabeln direkt nacheinander zu lernen, sondern schiebe ein anderes Stoffgebiet ein.

- Schalte alle Störquellen in deinem Zimmer aus, weil sie deine Konzentration erheblich vermindern. Das gilt besonders für musikalische Hintergrundberieselung und den Fernseher.
- Teile deine Aufgaben in übersichtliche Portionen ein und fertige einen Arbeitsplan an. Schätze und notiere auch die Zeit, die du wahrscheinlich benötigen wirst.
- Vermeide eintöniges Arbeiten und wechsle zwischen mündlichen und schriftlichen Aufgaben ab.
- Schreibe lesbar und deutlich und versieh deine Aufgaben mit Überschriften. Unterstreiche oder markiere wichtige Dinge, damit du sie bei Bedarf auch leicht wiederfindest.
- Vergiss nicht, von Zeit zu Zeit Pausen einzulegen, damit du dich entspannen kannst und geistig frisch bleibst (→ S. 30).

Lernstoff nachlernen und wiederholen

Falls du nach den Hausaufgaben noch Lust und Zeit hast, wiederhole früheren Lernstoff, der noch nicht richtig sitzt. Das festigt deine Kenntnisse und gibt dir zusätzliche Sicherheit im Unterricht.

Wochenarbeitsplan

Wenn du stets im Bilde über deine erledigten und unerledigten Hausaufgaben und Vorbereitungen sein möchtest, fertige einen Wochenarbeitsplan an. Er zeigt dir, was an bestimmten Tagen getan werden muss. Die Eintragungen kannst du nach und nach vornehmen. Der Plan lässt sich auch für Vorbereitungen auf Klassenarbeiten nutzen.

- Kopiere einige Leerpläne auf Vorrat.
- Hänge den Plan in unmittelbarer Nähe deines Arbeitsplatzes auf. Dann bleibt er auch in deinem Blickfeld. Hake erledigte Aufgaben ab.

Beispiel für eine Wochenübersicht

Tage/Fächer	**Montag 03.02.**	**Dienstag 04.02.**	**Mittwoch 05.02.**	**Donnerstag 06.02.**	**Freitag 07.02.**
Deutsch	6 Fragen zum Lesetext, S. 68	...	Wortschatzübung zu drei Adjektiven	Markierungstechniken wiederholen	Test verbessern, Montag abgeben
Englisch	Vokabeln zu Unit 5 lernen	Textgliederung erstellen	Text schriftl. zusammenfassen	...	„pollution" vorbereiten
Mathe	Übungsplan für Klassenarbeit erstellen	Aufgaben S. 12 – 14 wiederholen	Aufg. 5, S. 15 für Arbeit üben	Für Arbeit üben Heft besorgen	Mathearbeit!!
Geschichte	Stadtleben im Mittelalter lesen, S. 9	Zeitstrahl Mittelalter zeichnen	Zeitstrahl ergänzen	...	...
...	...	...	...	...	...

Üben und wiederholen

Lernstoff wird schnell vergessen, wenn er nicht regelmäßig wieder ins Bewusstsein gerufen wird. Deshalb solltest du regelmäßige Wiederholungsphasen einplanen, z. B. im Anschluss an deine Hausaufgaben, besonders jedoch vor Tests und Klassenarbeiten. Wenn du das Lernmaterial gründlich wiederholt hast, verläuft der Vergessensprozess deutlich langsamer. Später genügt oft nur ein kurzes Durchlesen eines Stoffgebiets, um sich wieder zu erinnern.

Üben und wiederholen – was man beachten sollte

- Lernstoff sollte wiederholt werden, wenn ein Teil nicht mehr vollständig erinnerbar bzw. verfügbar ist.
- Unterteile den Lernstoff vor Klassenarbeiten in übersichtliche Portionen und wiederhole ihn an verschiedenen Tagen.
- Lerne nur jeweils das Pensum, das du vergessen hast, dadurch reduziert sich der Stoff schrittweise.
- Wende beim Üben unterschiedliche Methoden an. Je öfter Lernstoff verändert und verarbeitet wird, umso besser prägt er sich ein (→ Hinweis!).
- Auswendiglernen oder mechanisches Lernen nützt nur bei einfachen Informationen wie Daten, Formeln etc.
- Übertreibe nicht! Hör auf, wenn du den Stoff wieder gut beherrschst; weiteres Lernen wäre Zeitverlust.

Hinweis!

So behält man besser:
- Text zusammenfassen
- Fragen zum Text formulieren
- Schlüsselwörter unterstreichen
- Lückentext erstellen und später ausfüllen
- Überschriften suchen
- Stichwortzettel anfertigen und danach einen Vortrag halten
- Schlüsselwörter in eine Mindmap eintragen
- ein Lernplakat anfertigen
- eine Skizze oder ein Schema machen
- mit anderen den Stoff besprechen

Einen Wiederholungs- und Übungsplan anfertigen

- Bevor du einen Übungsplan aufstellst, musst du dich exakt auf ein Stoffgebiet festlegen und überlegen, wie du vorgehen willst. Dazu stelle dir die folgenden W-Fragen:
  – Womit will ich anfangen und wann?
  – Wie will ich üben (mündlich, schriftlich)?
  – Welche Lern- und Hilfsmittel will ich einsetzen (Kassettenrekorder, Lernposter)?
  – Welche Lernwege kann ich aktivieren (schreiben, hören, Skizzen machen)?
  – Wann und wo will ich üben (zu Hause, in der Schule, bei Freunden)?
  – Wie viel Zeit will ich aufwenden?
  – Wie kann ich den Lernstoff aufbereiten, verändern, umstrukturieren?
  – Wie kann ich die Übungsergebnisse überprüfen?
  – W …?
- Nachdem du dir mithilfe der Fragen Klarheit über dein Übungsziel und deine Vorgehensweise verschafft hast, erstelle einen Übungs-

Tipp!

Wirksame Einprägehilfen für das effektive Wiederholen von Vokabeln, Fakten, Formeln etc. sind die Vokabel- und die Wissenskartei (→ S. 37).

Tipp!

Je konzentrierter du bist, desto leichter fällt dir die Wiederaufarbeitung des Lernstoffs. Vermeide deshalb alles, was dich stören und ablenken könnte.

und Wiederholungsplan, den du dann nach und nach abarbeitest. Er erinnert dich stets daran, wie der Stand deiner Vorbereitungen ist. Hänge den Plan gut sichtbar auf. Unter „Ergebnis“ kannst du notieren, ob du mit deinem Übungserfolg zufrieden bist. Unter „Bemerkungen“ trage ein, was du evtl. noch nacharbeiten musst, was du nachschlagen möchtest oder worauf du besonders achten willst.

- Leerkopien des Plans kannst du auch für andere schriftliche Fächer benutzen.

Beispiel: Wiederholen und üben für eine Klassenarbeit

Thema der Klassenarbeit: Life Down Under – Living in Australia

Termin: 24.03. ...

	Tag und Datum	Wiederholen und üben	Üungsdauer	Ergebnis	Bemerkungen
1.	**MO** 16.03. ..	– „Down Under“ wiederholen: Besiedlung, Ureinwohner, Fakten, Geografie	20 Min.	OK	im Lex. nachlesen
2.	**MI** 18.03. ...	– Lernplakat mit allen Text-Infos machen – Vokabeln L. 8 wiederholen	25 Min.	gut	Aborigines (wo, wann?)
3.	**DO** 19.03.	– Stichwortzettel erstellen – Text mündl. zusammenfassen	15 Min.	nicht so gut, noch mal	Pres. Perf. beachten!!
4.	**SA** 21.03.	– 6 Fragen zum Text formulieren – 3 Fragen schriftl. beantworten	...	...	...
...	...		...	...	...

Die „Zwei-Stühle-Technik“ oder das „Interview mit sich selbst“

Dies ist eine interessante und wirksame Übung, die dir am Ende einer Wiederholungs- und Übungsphase zeigt, ob du den Lernstoff wieder beherrschst. Und so geht's:

- Schreibe Fragen zu deinem Wiederholungspensum auf Zettel, z.B.: „Was weißt du über die Steinzeit?“ „Wie kommt die Steinzeit zu ihrem Namen?“ etc.
- Stelle nun zwei Stühle so auf, dass sie sich gegenüberstehen.
- Verteile die Fragen und lege sie vor die Stühle auf den Boden.
- Nimm einen Zettel auf, setz dich auf einen Stuhl und lies die Frage laut vor.
- Wechsle nun zum anderen Stuhl und gib die Antwort.
- Wiederhole diesen Vorgang, bis du alle Zettel verwendet hast.

Falls du eine Frage nicht zufriedenstellend beantworten konntest, lege den Zettel zunächst zur Seite und schlage am Ende des Interviews die richtige Antwort nach.

Lernen mit der Wortschatz- und Wissenskartei

Das Einprägen von Lernstoff mit der Lernkartei ist eine empfehlenswerte Methode, mit der du dir Vokabeln, Wissen und Unterrichtsstoff aus fast allen Fächern dauerhaft einprägen kannst. Mit einer sorgfältig geführten Kartei besitzt du bald eine kleine Wissensbibliothek für deine unterschiedlichen Schulfächer, auf die du als verlässliche Lernhilfe schnell zugreifen kannst. Sie eignet sich auch für Ergänzungen und systematisches Nacharbeiten von auswendig zu lernenden Fakten, Namen, Daten, Formeln, Definitionen etc. Da alle Informationen bzw. Vokabeln, die du vergessen hast oder die verblasst sind, nach einem ausgeklügelten System wiederholt werden, wird dein Wissen immer wieder aufgefrischt.

Die Vorzüge der Lernkartei

Die Lernkartei hat eine Reihe von Vorzügen, die das Lernen und Behalten erleichtern:

- Das Lernmaterial wird in übersichtliche Fragen und Antworten zerlegt. Dadurch lernt man immer kleine Wissensbereiche, die sich gut behalten lassen; das verkürzt die Lernzeit.
- Bei der Bearbeitung des Stoffs sind viele Lernwege beteiligt (z.B. beschriften, lesen, sich etwas vorsprechen, Skizzen machen, kontrollieren etc.), so dass sich viele Anknüpfungspunkte für das Einprägen und die spätere Erinnerung ergeben.
- Es wird stets der aktuelle Unterrichtsstoff gelernt und schon fast vergessenes Wissen wieder aufgefrischt; Schweres wird so oft wiederholt, bis es sitzt.
- Man bestimmt sein eigenes Tempo, kann mit der Kartei jederzeit lernen und dort weitermachen, wo man zuvor aufgehört hat.
- Man kann sich selbst abfragen und erhält sofort eine Rückmeldung; so erkennt man seinen eigenen Lernerfolg, weil die Aufgaben, die man richtig gelöst hat, immer weiter ans Ende der Kartei rücken, und was man schon weiß, wird dann aussortiert.
- Die Karteikarten lassen sich auch für das Lernen unterwegs mitnehmen.

Lernkartei – kaufen oder selbst basteln?

Eine Lernkartei kannst du im Schreibwarengeschäft kaufen oder auch selbst basteln. Selber machen ist natürlich preiswerter. Die Box besteht aus fester Pappe, Holz oder Kunststoff und hat festgelegte Maße. Für die „Wanderwege“ der fremdsprachlichen Wortschatzkarten z.B. wird sie in fünf unterschiedlich große Fächer unterteilt (s. Skizze). Die Karteikarten sollten aus dünner Pappe sein. Du kannst sie im Papierladen kaufen. Zum Selbermachen: Aus einem DIN A4-Bogen lassen sich acht Kärtchen in der Größe 10,5 cm x 7,3 cm schneiden. Das geht im Fotokopierladen oder auch mit dem Papierschneider in der Schule. Frage dazu deine Lehrerin oder deinen Lehrer.

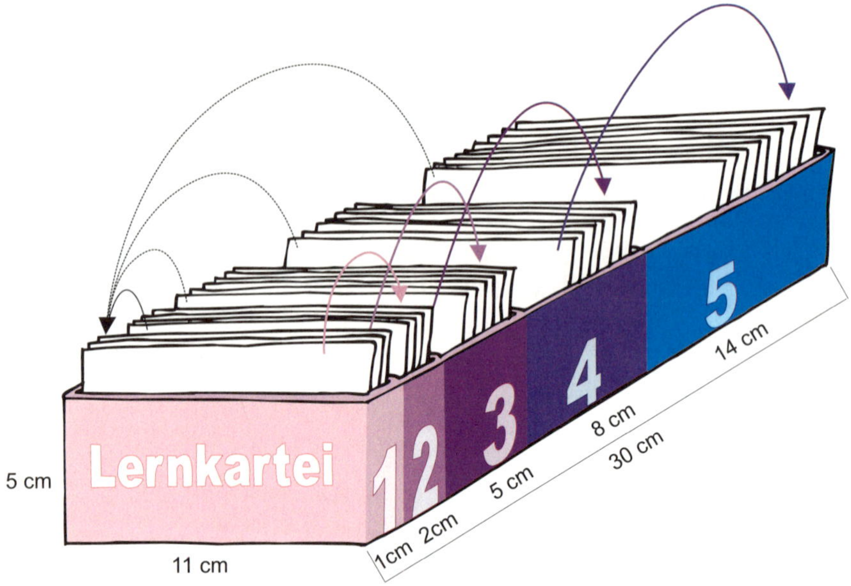

Hinweis!

Achte unbedingt darauf, dass das Lernwort richtig geschrieben ist, damit du dir nichts Falsches einprägst.

Tipp!

Lektionswortschatz, den du dir sofort gemerkt hast oder den du schon kennst, wie z. B. „event", „team", coach", brauchst du nicht in die Kartei zu übertragen. Das spart Lernzeit!

So lernt man mit der Wortschatzkartei:

Wenn du eine Wortschatzkartei einrichtest, beginne mit einer Serie von 20 bis 30 Karten für das erste Fach und füge im Laufe der Zeit weitere Kärtchen mit neuem Lernmaterial hinzu.

1. Alle beschrifteten Karten kommen zunächst ins Fach 1.
2. Schreibe groß genug und deutlich. Wenn du dich verschrieben hast, nimm eine neue Karte.
3. Die erste Lernüberprüfung beginnt bereits am nächsten Tag:
   a) Vorderseite der Karten lesen,
   b) Antwort sprechen,
   c) Karten umdrehen und die Antwort auf Richtigkeit überprüfen:
   Richtig?: Karten wandern ins nächste Fach
   Falsch?: Karten bleiben im Fach 1 oder kommen von anderen Fächern wieder dorthin zurück und werden ans Ende des Kartenstoßes gestellt.
4. Fach 1 zweimal pro Woche bearbeiten.
5. Wortschatz in den Fächern 2 bis 5 wird erst dann gelernt bzw. wiederholt, wenn sie voll sind. Bei „Richtig" bzw. „Falsch" wird so verfahren, wie in 3c) beschrieben.
6. Karten, die im Fach 5 angekommen sind, werden bei „Richtig" entsorgt.

Beispiel für eine englische Wortschatzkarte

Vorderseite	Rückseite	
gelegentlich	occasionally (adv.)	1. Übersetzung mit Wortartangabe
	from time to time	2. verwandter Ausdruck
	I go to the cinema occa-sionally.	3. das englische Wort im Sinnzusammenhang

Falls du die Wortschatzkartei auch für Französisch oder Latein mitverwenden möchtest, sollten die Kärtchen unterschiedliche Farben aufweisen. Beim Einprägen bzw. Wiederholen müsstest du den unterschiedlichen Wortschatz dann zeitlich versetzt lernen, mit einer längeren Pause dazwischen, damit du nicht durch ähnliche Wörter irritiert wirst.

Wissenskartei für verschiedene Fächer

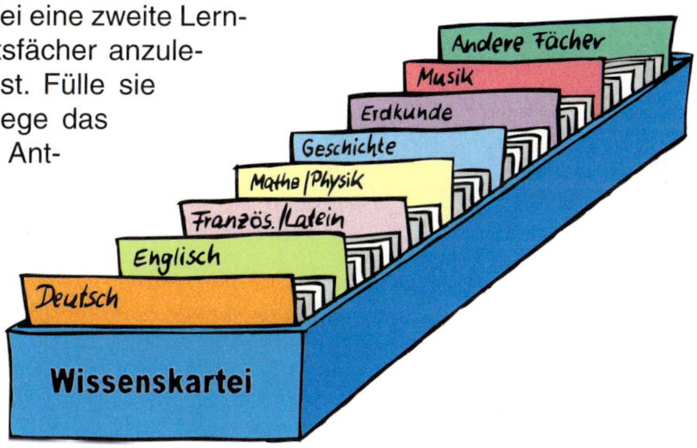

- Es empfiehlt sich, außer der Wortschatzkartei eine zweite Lernkartei für nicht-fremdsprachliche Unterrichtsfächer anzulegen, in der du spezielles Wissen sammelst. Fülle sie nach und nach mit Kärtchen auf und zerlege das Lernmaterial in übersichtliche Fragen und Antworten wie oben beschrieben.
- Damit du das unterschiedliche Lernmaterial auseinanderhalten kannst, trenne es durch beschriftete Reiterkarten mit dem Namen des jeweiligen Faches. Im Vergleich zur Wortschatzkartei wird mit der Wissenskartei ein verkürzter Lernweg eingeübt. Deshalb solltest du den Stoff auch häufiger wiederholen. Jede Karte hat auf der Rückseite drei Kästchen, in die du bei „Richtig" ein Kreuz einträgst. Dann kommt sie ans Ende des Kartenstoßes in dem betreffenden Fach. Das gilt auch für „Falsch", allerdings ohne Kreuz.
- Nach und nach wandern die Karten wieder nach vorn. Sobald eine Karte drei Kreuzchen erhalten hat, kann sie aussortiert werden.
- Du kannst auch am Ende der Wissensbox ein Sammeldepot für alle entsorgten Karten einrichten, falls du später noch einmal nachlernen möchtest.
- Überlege dir, ob du auf die Rückseiten der Wissenskarten nicht Zusatzinformationen schreiben möchtest, weil du dadurch deine Kenntnisse schnell erweiterst. Allerdings darf die Lesbarkeit nicht darunter leiden.

Beispiele für das Lernen mit der Wissenskartei

a) Wissenskarte aus dem Geschichtsunterricht

Vorderseite

Steinzeit

Warum heißt die älteste Zeit der Menschheit Steinzeit?

Rückseite

Weil die gefundenen Überreste aus Stein gefertigt waren. ← 1. Antwort

Holz und Knochen wurden zwar auch gefunden. Sie zerfielen jedoch im Laufe der Zeit. ← 2. Zusatzinformationen

☒ ☐ ☐ ← 3. Kästchen für die Kreuze

b) Wissenskarte aus dem Biologieunterricht

Anstatt ein Kärtchen zu beschriften, kannst du darauf auch Bilder, Skizzen etc. kopieren oder Computerausdrucke aufkleben.

Vorderseite

Blatt-formen

Rückseite

Die Blattformen heißen:

1. lanzettlich
2. elliptisch
3. oval
4. dreieckig
5. herzförmig
6. rund

☒ ☐ ☐

Lernposter gestalten

Ein Lernposter ist ein besonders großer Merkzettel. Damit es zu einer nützlichen Merkhilfe wird, solltest du es an einer Stelle aufhängen, wo du es auch wahrnimmst. Du kannst darauf wichtige Dinge festhalten, die du dir innerhalb einer kurzen Zeitspanne einprägen möchtest. Das Lernposter eignet sich besonders für „Paukstoff“, z. B. für Grammatik-Regeln, Geschichtszahlen und -ereignisse, für Matheregeln und chemische Formeln. Es soll dich immer wieder an den betreffenden Stoff erinnern. Sobald du sicher bist, dass du ihn gut beherrschst, kannst du das Poster abhängen, um Platz für ein neues zu machen.

Tipps zur Gestaltung von Lernpostern

- Für dein Lernposter kannst du die Rückseite großer Kalenderblätter oder ein Stück von einer Tapetenrolle nehmen. Ein großer Bogen Tonpapier eignet sich ebenfalls. Benutze Filzstifte für die Beschriftung. Verwende große Buchstaben und schreibe klar und deutlich, damit das Poster schon von weitem gut lesbar ist.
- Ein Lernposter soll übersichtlich wirken. Deshalb nicht zu viel Text draufschreiben – nur das Wichtigste zum gerade im Unterricht behandelten Lernstoff oder zur Wiederholung. Kurze Sätze und Stichwörter prägen sich am leichtesten ein. Erläuternde Skizzen und Zeichnungen unterstützen die Veranschaulichung. Auch Tabellen, Übersichten, Diagramme und farbige Unterstreichungen fördern das Einprägen.
- Wenn du verschiedene Sachgebiete auf einem Lernposter unterbringen willst, musst du sie deutlich voneinander trennen.

Tipp!
Ein Lernposter hält den Lernstoff für eine bestimmte Zeit verfügbar.

Beispiel 1: Simple Past als Wiederholung

Simple Past is used for states and events that are finished.

- Our family spent a nice holiday in Cornwall last summer.
- I met your sister Anne an hour ago.
- When did you last see Mr Davison?

Signal words for Simple Past

- yesterday/the other day/in 2002
- last Sunday/… week/… month/… year/
- an hour …/three days …/five weeks …/ many years ago

Merkhilfen für grammatische Regeln in größerer und in roter Schrift.

Zusammenstellung der Signalwörter für das Simple Past.

Beispielsätze in blauer Farbe. Die Signalwörter für das Simple Past sind unterstrichen.

Merkspruch: „did“ und Grundform ist die Norm, nach „did“ steht nie die Past Tense-Form.

Beispiel 2: Satz des Pythagoras

Satz des Pythagoras

Im rechtwinkligen Dreieck ist die Fläche des Quadrates über der Hypotenuse gleich der Summe der Flächen der Quadrate über den Katheten.

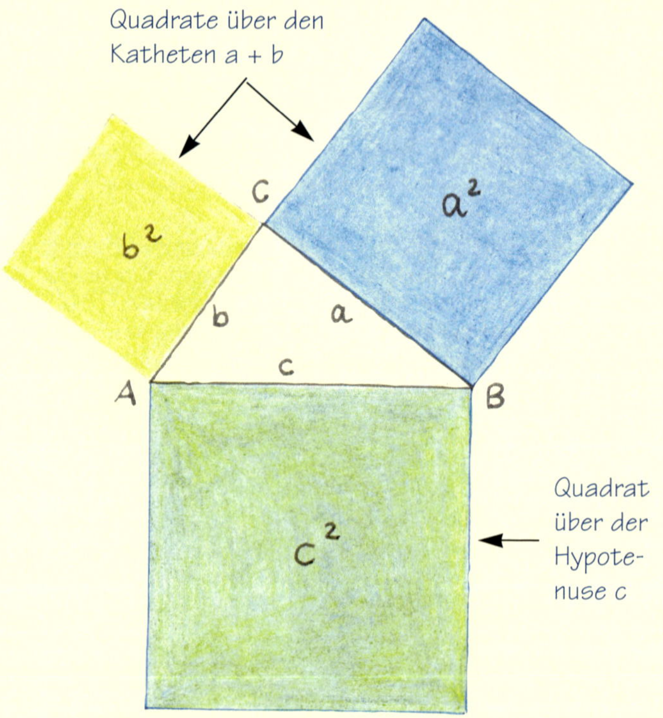

Formel: $a^2 + b^2 = c^2$

So lernst du mit dem Poster

- Damit ein Lernplakat auch etwas bringt, hänge es so auf, dass du es möglich oft siehst und dadurch immer wieder an deinen Lernstoff erinnert wirst. Mit einem Poster lernst du mehrmals am Tag durch bewusstes Hinsehen und im Vorbeigehen, oft sogar, ohne zusätzliche Zeit zu benötigen.
- Wenn du deinen Lernstoff auf Stichworte oder knappe Ausdrücke reduziert hast, kannst du das Einprägen unterstützen, indem du sie wieder mündlich in ganze Sätze umwandelst.

Miniposter – Lernen im Vorübergehen

Ein Miniposter ist die kleinformatige Variante des Lernposters. Mit Minipostern sind die etwa 7 x 7 cm großen selbstklebenden Haftzettel gemeint, die man auch für Notizen benutzt. Man kann sie an seinem Computer, an der Tür, im Flur und an vielen anderen Stellen anbringen und sehr schnell auswechseln oder wieder entfernen. Sie lassen sich vortrefflich zum Einprägen von kleineren Lerneinheiten nutzen. Mit ihnen kannst du dir eine eigene „Lernallee" zu einem Stoffgebiet einrichten. Miniposter sollten immer in Augenhöhe angebracht werden. Ebenso wie die großen Poster unterstützen sie das bewusste und unbewusste Lernen im Vorübergehen.

Warum Miniposter so wirkungsvoll sind

- Auf ein Miniposter kannst du nur das Wichtigste in sehr knapper Form schreiben. Dadurch findet schon eine intensive Informationsbearbeitung statt. Das hilft dir beim Einprägen und Wiedererinnern. Durch häufiges Hinsehen gibt es viele Wiederholungen. Nach kurzer Zeit genügt bereits ein flüchtiger Blick auf ein Stichwort, um den Gesamtzusammenhang wieder ins Gedächtnis zu rufen.
- Miniposter, die du als **Lernallee** anbringst, werden an bestimmten Merkplätzen angebracht, z. B. auf Bilder- und Fensterrahmen und an der Zimmertür, damit der Ort dich schon an ihre Lerninhalte erinnert. Die Lernstrecke kennst du bald wie im Schlaf. Deswegen kannst du den Weg nach kurzer Zeit ohne Mühe auch in Gedanken gehen, dir den Stoff vor deinem inneren Auge vorstellen und somit auch auf diesem Wege lernen.

Wofür sich Miniposter eignen

- Miniposter eignen sich für viele Bereiche des Lernens, z. B. für

  – geometrische Figuren,
  – physikalische und chemische Formeln,
  – Mini-Mindmaps,
  – Fachwörter und Fremdwörter,
  – schwer einzuprägenden Wortschatz und Grammatik,
  – Informationen über Personen.

Worauf man achten sollte

- Benutze Schlüsselwörter, Personennamen etc. und knappe Texte. Skizzen und kleine Zeichnungen lockern ein Miniposter auf; sie dürfen jedoch nicht zu groß sein.

- Damit der Text gut lesbar ist, schreibe deutlich, evtl. in Druckbuchstaben. Stichworte und Namen (z.B. Epik, Archimedes) erscheinen in größerer Schrift, Erklärungen werden in einer kleineren Schriftgröße darunter geschrieben. Achte auch auf ausreichenden Zeilenabstand. Du kannst die Zeilenhöhe mit dünnen Bleistiftstrichen vorzeichnen.

So lernt man mit Minipostern

Miniposter unterscheiden sich in Größe und Anzahl von einem Lernposter (→ S. 41). Das verändert die Art und Weise, wie man mit ihnen lernt. Man liest das Stichwort zunächst aus einem größeren Abstand und versucht sich zu erinnern, was auf dem Miniposter steht. Wenn das nicht gelingt, tritt man näher heran und liest sich den Text laut vor. Anschließend spricht man ihn einige Male auswendig nach.

Beispiel 1: zwei unterschiedliche Miniposter

Gitarrensaiten

Noten: A - D - G - H - E.

Ein Anfänger der Gitarre hat Eifer.

← Schlüsselbegriff/Name in großer Schrift und in rot →

← Erklärungen in kleinerer Schrift →

Archimedes

Griechischer Mechaniker und Mathematiker, lebte um 285 – 212 v. Chr. in Syrakus,

– entdeckte das Hebelgesetz,

– fand das sog. archimedische Prinzip: Gesetze des Auftriebs

Beispiel 2: Lernallee – Fachausdrücke für den Deutschunterricht (verkleinert)

Epik
erzählende Dichtung in Versen oder Prosa

Fragment
Bruchstück, unvollendetes Werk

Legende
religiöse Geschichte, meist über das Leben eines Heiligen

Monolog
Selbstgespräch einer Person in einem Drama

Rhetorik
Redekunst, Kunst des öffentlichen Sprechens

Klassenarbeiten vorbereiten und erfolgreich bestehen

Klassenarbeiten spielen eine wichtige Rolle in deinem Schulalltag. Wenn du gute Ergebnisse erzielen möchtest, musst du so früh wie möglich mit den Vorbereitungen beginnen. Achte vor allem darauf, dass sich der jeweilige Lernstoff langfristig in deinem Gedächtnis verankert, so dass du ihn bei Bedarf auch abrufen kannst. Rechtzeitiges und verteiltes Üben und Wiederholen in überschaubaren Portionen ist dabei der sicherste Weg zum Erfolg. Und je anschaulicher und vielseitiger du den Lernstoff aufbereitest, desto besser wirst du dich daran erinnern. Eine gute Planung gibt dir Sicherheit und fördert zudem ein ruhiges Arbeiten bei der Lösung der gestellten Aufgaben.

Vorbereitung der Klassenarbeit

- Verschaff dir zunächst einen Überblick darüber, was alles in der Klassenarbeit verlangt werden könnte. Schaue dir den Lernstoff in deinem Hausheft an und notiere, was die Lehrerin oder der Lehrer im Unterricht zur Klassenarbeit erläutert hat.
- Stelle einen Übungsplan auf und beginne schon frühzeitig mit der Wiederholung, sonst läuft dir die Zeit davon. Dein Gedächtnis funktioniert besser, wenn du den Lernstoff in übersichtliche Portionen einteilst und an verschiedenen Tagen wiederholst.
- Je anschaulicher und aktiver du Lernstoff bearbeitest, umso besser wirst du dich später daran erinnern. Nutze unterschiedliche Lernwege und Lernaktivitäten, z. B. lautes Lesen, Lernkärtchen schreiben, eine Skizze machen oder einen Spickzettel erstellen.
- Überprüfe, ob alle Arbeitsmaterialien, die du benötigst, vorhanden sind.
- Am Tag vor der Klassenarbeit nichts Neues mehr lernen! Lockeres Überfliegen des wiederholten Stoffs reicht völlig aus.

Lernstoff auf das Wesentliche reduzieren: einen Spickzettel anfertigen

Wenn man die wesentlichen Inhalte eines umfangreicheren Textes oder des Unterrichtsstoffes für eine Klassenarbeit schrittweise auf das Wesentliche verkürzt, wird man sich für längere Zeit gut an ihn erinnern.

Auf einem Spickzettel werden die wichtigsten Gedanken auf kleinstem Raum festgehalten. Am besten beginnst du mit einem größeren Blatt (z. B. DIN A3), auf dem du alles notierst, was du für die Klassenarbeit lernen möchtest. Bemühe dich von vornherein um eine übersichtliche Darstellung. Fasse nun noch einmal das Wichtigste in gekürzter Form auf einem DIN A4-Blatt zusammen. Als nächsten

Tipps für Klassenarbeiten!

Etwa 10 Tage vorher
- Lernstoff zusammenstellen
- Stoff in Portionen einteilen
- Übungsplan mit Datum erstellen
- Lücken stopfen und evtl. nacharbeiten
- im Unterricht besonders gut aufpassen

Am Tag vor der Klassenarbeit
- nichts Neues mehr lernen
- Lernstoff locker überfliegen
- Arbeitsmittel bereitlegen
- frühzeitig zu Bett gehen

Vor der Klassenarbeit
- keine Hektik aufkommen lassen
- positiv denken
- nicht über die Klassenarbeit diskutieren
- auf die Aufgaben konzentrieren

Während der Klassenarbeit
- Überblick verschaffen
- mit Leichtem beginnen
- Ruhe bewahren
- konzentriert nachsehen

Schritt verkürzt du den Stoff noch einmal auf DIN A5-Format (Heftgröße). Nun dürftest du ihn so gut bearbeitet haben, dass du ihn beherrschst. Deshalb solltest du deine Klassenarbeitsvorbereitungen beenden. Mehr als 100 % kann man nicht lernen. Falls du allerdings noch nicht ganz sicher bist, kannst du den Zettel am Morgen vor der Klassenarbeit noch einmal durchlesen. – Und nicht vergessen: Ein Spickzettel ist kein Mogelzettel! Das wäre unehrlich und würde dich in eine belastende Stresssituation bringen.

Bevor die Klassenarbeit beginnt

- Gehe gelassen in den Klassenraum hinein und denke daran, dass du den Lernstoff intensiv wiederholt und geübt hast. Konzentriere dich auf dich selbst. Das gibt dir Sicherheit und ein positives Gefühl.
- Vermeide es, vor der Arbeit mit Mitschülern über den Lernstoff zu diskutieren, weil Panikmache und Besserwisserei sich schnell beunruhigend auswirken können.

Während der Klassenarbeit

Hinweis!
Im Kapitel **Üben und wiederholen** (→ S. 35) findest du weitere nützliche Hinweise, wie du dich gezielt auf eine Klassenarbeit vorbereiten kannst. Außerdem wird dort an einem Beispiel gezeigt, wie man einen mehrtägigen Übungs- und Wiederholungsplan erstellt.

- Sobald die Arbeitsaufgaben verteilt worden sind, verschaffe dir einen Überblick. Prüfe genau, was verlangt wird. Die Reihenfolge der Aufgabenerledigung hängt von ihrem Schwierigkeitsgrad und vom Zeitaufwand ab, den man dafür benötigt. Beginne zunächst mit leichteren Aufgaben. Später kannst du dann in Ruhe die anderen erledigen.
- Falls du Lernstoff vergessen hast, versuche dich zu erinnern, wie du ihn eingeübt und welche Einprägehilfen du angewendet hast. Wenn du eine Aufgabe nicht lösen kannst, nicht entmutigen lassen, beginne mit der nächsten.
- Lies deine Arbeit konzentriert auf Fehler durch, nachdem du deine Aufgaben gelöst hast. Achte dabei besonders auf solche Fehler, die dir bisher schon einmal unterlaufen sind.

Informationen und Fakten mitschreiben

Mitschriften sollten angefertigt werden, wenn man jemandem über einen längeren Zeitraum zuhört. Das kann in der Schulstunde sein, wenn die Lehrerin oder der Lehrer den Unterrichtsstoff erläutert, wenn Mitschüler ein Referat halten, bei einem öffentlichen Vortrag oder einem Vortrag im Radio oder Fernsehen. Mitschreiben bedeutet, dass man sich Notizen macht, die als Gedächtnisstütze für die Vertiefung eines Wissensgebietes oder für Wiederholungen dienen sollen. Mitschriften sollte man unbedingt bald nacharbeiten bzw. ergänzen, solange die Erinnerung noch frisch ist.

Vorteile des Mitschreibens im Unterricht

- Mitschriften unterstützen das aktive Zuhören und die kritische Auseinandersetzung mit dem Lernstoff,
- sie entlasten das Gedächtnis,
- sie fördern das Konzentrationsvermögen,
- sie fördern die Fähigkeit, Wichtiges von Unwichtigem zu unterscheiden und Gehörtes in eigene Worte zu fassen,
- sie bilden eine gute Grundlage für Wiederholungen vor Klassenarbeiten.

Tipp!
Formuliere deine Notizen mündlich in Sätze um – das fördert das Einprägen und Wiedererinnern.

Hinweise

- Beim Mitschreiben beschränkt man sich auf Stichworte, knappe Sätze sowie wichtige Ausdrücke und Zahlen. Schreibe nicht zu viel oder wörtlich mit und lasse Artikel, Präpositionen und anderes „sprachliches Kleinzeug“ fort. Der Sinn eines Satzes lässt sich auch ohne diese Wörter leicht wiederherstellen.
- Gedanken, die du selbst umformulierst, wirst du länger behalten, als wenn du sie wörtlich übernimmst.
- Abkürzungen erleichtern das Mitschreiben und bringen Zeitersparnis. Du kannst die allgemein üblichen Abkürzungen (z. B., etc., z. T., evtl.) oder auch eigene Abkürzungen verwenden (→ Kasten auf S. 48).
- Für Mitschriften eignen sich am besten karierte oder linierte DIN A4-Blätter, weil du sie leicht in Ordnern und Ringbüchern abheften und, falls notwendig, auch umordnen kannst. Außerdem können korrekturbedürftige oder lückenhafte Mitschriften leicht ergänzt bzw. durch neue Blätter ersetzt werden. Hefte eignen sich aus den genannten Gründen weniger gut.
- Lasse einen breiten Rand, damit du dort nachtragen kannst, was später noch zu diesem Thema gesagt wird oder was dir selbst noch einfällt oder wichtig erscheint.
- Beschreibe die Blätter nur einseitig und unterstreiche wichtige Formulierungen, denn dann findest du deine Notizen leichter wieder. Auch Spiegelstriche tragen dazu bei, Mitschriften übersichtlicher zu gestalten (s. Beispiel S. 48).

Tipp!
Schreibe leserlich, damit du deine Notizen auch später noch entziffern kannst.

Abkürzungen

Gebräuchliche Abkürzungen			Trage hier weitere Abkürzungen ein, die du kennst, und ergänze eigene.
Jh.	=	Jahrhundert	
u./o.	=	und/oder	
Bsp.	=	Beispiel	
d. h.	=	das heißt	
v. a.	=	vor allem	
s. o./s. u.	=	siehe oben/siehe unten	
bes.	=	besonders	
versch.	=	verschieden	
…	=	…	

DIN A4-Blatt für Mitschriften (verkleinert)

Thema: Üben und wiederholen Datum: 10.03. …	Ergänzungen
Üben	
– Lernstoff oft nicht mehr verfügbar	
– Langzeitgedächtnis aktivieren	
– verteiltes Üben u. Lernen = beste Methode	← Effekt d. verteilten
– verteiltes Üben fördert Erinnern u. Behalten	Übung: wenig u. oft
– kl. Portionen	
– mechanisches Üben bringt nichts	
– viele Sinne beteiligen	
– **Experiment:** Maschinenschreiben	in USA
– Gruppe A pro Tag 1 Std Übg.	
– Gruppe B " " 2 " "	
– Gruppe C " " 3 " "	
– Gruppe A lernte schneller als B + C →	Beleg für „jeden Tag
	ein bisschen lernen“
Wiederholen	
– Wdhl. notwendig, sonst wird vergessen	
– Plan für Wdhl. aufstellen	
– Stoff in Häppchen aufteilen	Sprechen, schreiben,
– Vok. in Kontexten lernen; versch. Lernwege nutzen	hören
– Wdhl. im Anschluss an HA bringt Erfolg (10 Min.)	ca. 15 Min/Tag
– vor Klass.arb. intens. Wdhl. über ca. 5 Tage	- 1 -

Leseabsicht und Lesetechniken

Texte lesen und verstehen ist eine wichtige Fertigkeit – nicht nur im Schulalltag. Mit Texten können wir uns zu bestimmten Themen gezielt informieren und uns mit ihnen auseinandersetzen. Lesen kostet aber eine Menge Zeit. Deshalb sollte man sich zunächst einmal überlegen, warum man einen Text liest (Leseabsicht) und wie intensiv man sich mit ihm beschäftigen möchte. Dann kann man sich nämlich für eine bestimmte Lesetechnik entscheiden, denn nicht alle Texte müssen gleich vollständig bzw. gründlich gelesen werden. Für manche Aufgabenstellungen genügt es, einen Text nur zu überfliegen, während andere eine sorgfältige Bearbeitung erfordern.

Wir lesen aus unterschiedlichen Gründen: Leseabsicht

Tagtäglich treffen wir auf unterschiedliche Lesequellen: Zeitungen, Bücher, Jugendzeitschriften, Werbematerial, Computerzeitschriften und natürlich auf Schulbücher. Wir lesen Texte,

- um uns zu unterhalten und zu entspannen,
- um uns in der Zeitung über das Tagesgeschehen zu informieren,
- um zu erfahren, wann welches Fernseh- oder Radioprogramm läuft,
- um in einem Lexikon eine Information nachzuschlagen,
- um uns auf den Unterricht vorzubereiten,
- etc.

Tipp!

Passe dein Lesetempo dem Textinhalt an:

- Lies schneller, wo weniger Wichtiges steht.
- Lies langsamer und konzentrierter, wo sich wichtige Gedanken befinden.

Was und wie wir lesen, bestimmt unsere Leseabsicht. Schlagzeilen und Untertitel in einer Zeitung wirst du gewiss flüchtiger lesen als einen interessanten Artikel über ein neues Computerprogramm oder einen Text als Vorbereitung auf den Unterricht. Bevor du einen Text liest, überlege deshalb jeweils vorher, ob du dich nur darüber informieren möchtest, wovon er handelt, oder ob du ihn gründlich durcharbeiten willst oder musst.

Unterschiedliche Lesetechniken

Es gibt verschiedene Lesetechniken, die du kennen solltest, damit du die richtige Methode für deine jeweilige Leseabsicht auswählen kannst.

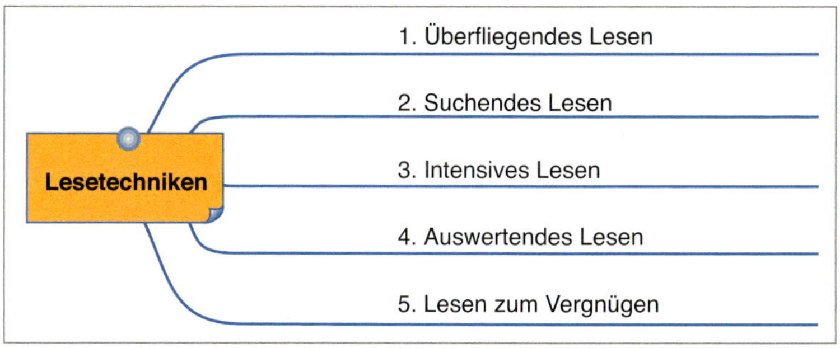

Hinweis!

Lesen zum Vergnügen unterscheidet sich von den anderen vier Lesetechniken, weil es zum persönlichen Bereich des Lesers gehört und weil man dabei selbst entscheiden kann, ob, wann und was man lesen möchte.

1. Überfliegendes Lesen:
Es dient der schnellen Informationsentnahme; man möchte einen groben Überblick über den Textinhalt gewinnen und erste Leseeindrücke sammeln.

2. Suchendes Lesen:
Man sucht im Text nach bestimmten Informationen, z. B. nach Jahreszahlen, Namen, gewissen Wörtern oder wichtigen Aussagen.

3. Intensives Lesen:
Man möchte viele Einzelheiten eines Textes aufnehmen und dabei feststellen, was man schon kennt und was neu ist und evtl. noch nachgeschlagen und geklärt werden muss.

4. Auswertendes Lesen:
Man prüft, welches Material man für eine bestimmte Aufgabenstellung verwenden will und was man im Text oder auf dem Rand besonders markieren oder notieren möchte.

5. Lesen zum Vergnügen:
Man liest aus reiner Freude am Schmökern, mitunter auch aus Zeitvertreib. Dazu zieht man sich oft in eine gemütliche Leseecke zurück, in der man sich in diejenige Lektüre vertiefen kann, auf die man gerade Lust verspürt.

Texte, Leseabsichten und Lesetechniken – Beispiele

Art der Lesetexte	Leseabsichten	Lesetechniken (unterschiedliche möglich)
Lehrbuchtexte	behalten, evtl. auswendig lernen, anwenden	intensives Lesen
Texte für ein Referat	Informationen zu einem Thema suchen, auswerten	intensives/auswertendes Lesen
Zeitungsartikel	informieren, kurzfristig merken	überfliegendes/suchendes Lesen
Buch, Geschichten	Unterhaltung, Vergnügen, Entspannung	Lesen als Vergnügen
Gebrauchsanweisungen	Anwendung, etwas zusammenbauen	auswertendes Lesen
Zeitschriftenanzeigen	etwas Bestimmtes suchen, Informationen sammeln	überfliegendes/suchendes Lesen
Computerzeitschriften	neue Entwicklungen kennenlernen	intensives/suchendes Lesen
Modezeitschriften	sich über neue Trends und Kreationen informieren	suchendes/überfliegendes Lesen/Lesen zum Vergnügen

Ein kleiner Test

Studenten im ersten Semester wurden gefragt, wie sie vorgehen, wenn sie einen Text intensiv bearbeiten sollen. Schau dir ihre Antworten an und denke kurz über die unterschiedlichen Methoden nach. Kreuze anschließend in den Spalten 2 und 3 diejenigen Vorgehensweisen an, die du auch bzw. nicht anwendest.

Antworten der Studenten	mache ich auch	mache ich nicht	zweckmäßige Reihenfolge
1. Ich lese den Text zunächst komplett.			
2. Ich lese den Text ein zweites Mal.			
3. Ich unterstreiche Wichtiges.			
4. Ich verschaffe mir zuerst einen Überblick.			
5. Ich mache mir Notizen.			
6. Ich fertige Textauszüge an.			
7. Ich überfliege den Text.			
8. Ich überprüfe, ob ich den Text verstanden habe.			
9. Ich fasse den Textinhalt schriftlich zusammen.			

- Versuche jetzt die Antworten der Studenten in eine zweckmäßige Reihenfolge zu bringen. Du kannst auch einzelne Punkte zusammenfassen (→ S. 102).
- Die obige Neun-Punkte-Reihenfolge ist in der Fünf-Schritte-Methode knapper und präziser zusammengefasst. Außerdem findest du dort nützliche Hinweise, die dir erläutern, wie du Texte effektiver lesen und bearbeiten kannst (→ S. 56).

Schneller lesen spart Zeit

In der Schule und auch außerhalb verwenden wir eine Menge Zeit darauf, Informationen und neues Wissen aufzunehmen. Das trifft besonders dann zu, wenn man einen Text Wort für Wort liest. Deshalb ist es nützlich, Methoden kennenzulernen, die einem helfen, schneller zu lesen und trotzdem noch viel zu behalten. Geübte Leser haben ein größeres Lesetempo als ungeübte und sparen dadurch viel Zeit, weil sie z. B. nicht bei jedem Wort hängenbleiben, sondern in Wortgruppen lesen. Allerdings muss das Schnellerlesen ebenso trainiert werden wie andere Fähigkeiten auch, die wir privat, in der Schule oder im Sport verbessern möchten.

Test: Wie schnell liest du?

Lies den folgenden Text, um deine Lesegeschwindigkeit zu testen. Kontrolliere anhand einer Stoppuhr, wie viel Zeit du benötigst.

Pinguine

(lat. pinguis = dick, fett)
Pinguine gehören zu den flugunfähigen Vögeln. Sie leben auf der Südhalbkugel, besonders in der Nähe der Antarktis. Sie sind sehr wendige und geschickte Schwimmer, die im hohen Bogen aus dem Wasser schnellen können, um auf Eisschollen oder auf festem Grund zu landen. Beim Schwimmen und Tauchen nach Nahrung benutzen sie ihre Flügel als Ruder und die Füße als Steuer. Die Beine der Pinguine sind sehr kurz und haben vier nach vorne gerichtete Zehen, die durch Schwimmhäute miteinander verbunden sind. Auf festem Boden stehen die Pinguine fast kerzengerade. Dabei nutzen sie ihre Schwanzfedern als Stütze. Sie haben einen aufrechten, trippelnden Gang. Mitunter schieben sie sich auch mit ihren Füßen und Flügeln auf dem Bauch rutschend vorwärts.

Das Gefieder der Pinguine ist schuppenförmig ausgebildet, und auch die Flossen sind mit kleinen schuppenartigen Federn bedeckt. Ein starkes Fettpolster unter der Haut dient ihnen als Wärmeschutz. Ihre Nahrung besteht aus Fischen, Krebsen und anderen kleineren Meerestieren.

Es gibt unterschiedlich große Arten. Kaiserpinguine sind über einen Meter groß und legen ihre Brutkolonien auf dem ewigen Eis an. Das einzige Ei wird vom Männchen 63 Tage auf den Füßen getragen und mit einer Gefiedertasche bedeckt. In einer Bauchtasche wird es bebrütet. Nach dem Schlüpfen beteiligt sich das Weibchen an der Fütterung. Die übrigen, kleineren Pinguinarten legen zwei Eier in Steinnestern oder in Felsspalten ab.

(Autorentext)

Tipp!

Schneller lesen üben trainiert auch die Konzentration!

Beantworte nun die folgenden Fragen zur Leseschnelligkeit:

- Wie viel Zeit hast du für das Lesen benötigt (in Sekunden)? ____________________
- Hast du beim Lesen leise oder laut mitgesprochen? ____________________
- Hast du Wort für Wort gelesen? ____________________
- Bist du im Text zurückgesprungen, um etwas noch einmal zu lesen? ____________________
- Konntest du dir das Gelesene gut einprägen? ____________________
- Hast du dich gehetzt gefühlt? ____________________

Feststellung der Lesegeschwindigkeit

- Deine Lesegeschwindigkeit kannst du selbst mit einer einfachen Formel berechnen. Beispiel: Ein Schüler hat den Text über Pinguine (217 Wörter) in 95 Sekunden gelesen; Beispielrechnung:
  217 : 95 x 60 = 137 Wörter pro Minute (WpM)
- Die Durchschnittswerte für die Lesegeschwindigkeit schwanken und lassen sich nur schätzen:
  – Bei 13- und 14-jährigen Schülern liegen sie bei etwa 130 WpM,
  – bei 15- und 16-jährigen Schülern bei etwa 140 WpM.
- Beachte: Die Lesegeschwindigkeit darf nur so schnell sein, dass man anschließend die Textinhalte in den wichtigsten Punkten wiedergeben kann.

Beantworte nun die folgenden Inhaltsfragen zum Pinguin-Text aus dem Gedächtnis.

1. Was bedeutet der lateinische Name „pinguis“?
2. Wozu benutzen Pinguine ihre Flügel und Füße?
3. Was benutzen Pinguine als Stütze außerhalb des Wassers?
4. Was für ein Gefieder besitzen sie?
5. Wer trägt das Ei und wo?
6. Wo wird das Ei bebrütet?
7. Wie groß sind Kaiserpinguine?
8. Wo legen die kleineren Pinguine ihre Eier ab?

- Vergleiche deine Antworten nun mit dem Text. Falls du mit dem Ergebnis unzufrieden bist – nicht entmutigen lassen! Schneller lesen und trotzdem viel behalten braucht nämlich Übung.

Was man beachten sollte

- Du brauchst keinesfalls zum Tempoleser zu werden. Es genügt schon, wenn du lernst, schneller als bisher zu lesen. Sobald du jedoch merkst, dass du Inhalte überliest, etwas nicht verstehst oder der Text zu schwierig ist, solltest du dein Lesetempo anpassen.
- Man wird auch nicht alle Texte mit der Schnellerlesen-Methode erschließen können. Für ein interessantes Buch oder eine Computerzeitschrift nimmt man sich selbstverständlich mehr Zeit. Auch bei fremdsprachlichen Texten in den Klassen 5 – 10 sollte man die Technik nicht anwenden, weil man sich die einzelnen Wörter und Ausdrücke in ihrem Zusammenhang einprägen muss.
- Beim Schnellerlesen solltest du besonders auf Substantive, Adjektive und Verben achten. Sie sind nämlich die Sinnträger, die die wichtigen Informationen eines Textes transportieren. Deine Lesegeschwindigkeit hängt auch davon ab, was du schon über ein Thema weißt. Und je größer der eigene Wortschatz ist, desto schneller lässt sich lesen.

Lesegewohnheiten

- Der langsame Leser liest seinen Text Wort für Wort:
  Wer / schneller / liest, / spart / viel / Zeit / und / behält / zudem / oft / mehr / als / der / ungeübte / Langsamleser, / weil / er / sich / besonders / intensiv / konzentrieren / muss.
- Der geübte Leser liest in Wortgruppen:
  Wer schneller liest, / spart viel Zeit / und behält zudem oft mehr / als der ungeübte Langsamleser, / weil er sich besonders / intensiv konzentrieren muss.

Schneller lesen muss man üben

Beim Schnellerlesen-Training geht es darum, die erlernten Lesegewohnheiten zu verbessern und die schlechten auszumerzen. Das erfordert eine besonders große Disziplin und Konzentration. Folgende Regeln solltest du beachten:

- Lies in Wortgruppen,
- vergrößere deine Blickspanne,
- spricht den Text nicht mit,
- springe nicht auf bereits Gelesenes zurück.

Übung: Blickspannen-Pyramide

Finde in der folgenden Übung heraus, bis zu welcher Buchstabenzahl du die gesamte Zeilenbreite mit einem Blick erfassen und dabei auch noch den Text verstehen kannst. Fixiere deine Augen beim Lesen stets auf die Mittellinie. Je weiter du kommst, desto größer ist deine Blickspanne.

ca. Anzahl der Buchstaben (mit Leerzeichen)	Blickspannentest
10	Sommertage
12	Führerschein
14	aus dem Lachen
16	könnte das Handy
18	während der Pausen
20	unter Umständen kann
22	befragt werden müssten
24	Handhabung war schwierig
26	gab er einen guten Hinweis
28	heftige Auseinandersetzungen
30	ausnahmsweise erlaubte sie mir
32	brauchbare Anleitungen für einen
34	alle Anwesenden wirkten überrascht
36	eine große Anzahl wichtiger Aufgaben
38	die Preise sind in dem Laden noch hoch
40	möglicherweise war es nur Zeitvergeudung
42	in den anschließenden Diskussionen wussten
44	die Explosionen konnten mehrere Ursachen haben

So kannst du weiterüben

- Erstelle dir selbst eigene Übungstexte in Pyramidenform. Kopiere dir dazu geeignete Texte aus deinen Büchern und ziehe in der Mitte eine senkrechte Linie. Nimm dann zwei Blätter oder Karteikarten und lege sie oben so aneinander, dass sich nach unten eine Pyramide ergibt.
- Verfahre nun beim Lesen so wie in der Übung angegeben. Du kannst den Schwierigkeitsgrad selbst bestimmen: Durch Verschieben der Karteikarten lässt sich die Pyramidenbreite nach unten verengen oder verbreitern.

Texte lesen und verstehen mit der Fünf-Schritte-Methode

In der Schule und auch später beschäftigen wir uns häufig mit Texten, um ihnen wichtige Informationen und neuen Lernstoff zu entnehmen. Viele Schülerinnen und Schüler tun sich jedoch oft schwer, Texte so zu lesen und zu bearbeiten, dass sie die wichtigen Aussagen auch für längere Zeit behalten. Das bloße Lesen genügt in den meisten Fällen nicht, weil wir das meiste schon bald wieder vergessen. Wenn du bei der Textarbeit bisher ähnliche Schwierigkeiten hattest, solltest du es einmal mit der Fünf-Schritte-Methode versuchen. Sie hilft dir dabei, Lernstoff besser zu verstehen und zu behalten. Die Methode lässt sich auf Sachtexte anwenden, die Lerninhalte und Wissen vermitteln, sowie auf Lektüren und Bücher.

Die Fünf-Schritte-Methode

1. Schritt: herausfinden, wovon der Text handelt

- Wenn du einen Text bearbeiten musst, solltest du nicht sofort mit dem intensiven Lesen beginnen. Verschaffe dir zunächst einen ersten Eindruck, indem du den Text überfliegst und dir die folgenden Fragen stellst:
  - Wie lautet der Titel des Textes? Was sagt er mir? Was weiß ich schon über das Thema?
  - Gibt es Überschriften? Sind Wörter durch Fettdruck oder Unterstreichungen hervorgehoben?
  - Stehen Jahreszahlen oder Namen im Text?
  - Finden sich Veranschaulichungen (Skizzen, Diagramme, Abbildungen etc.)?
  - Was ist das für eine Textform? (Zeitungsartikel, Sachtext, Erzählung, …)
- Sobald du den Text überflogen hast, notiere in einigen Sätzen, worum es dort geht: „Der Text handelt von …“

2. Schritt: den Text Abschnitt für Abschnitt erschließen

- Nachdem du den Text in Schritt 1 kennengelernt hast, folgt nun das intensive Lesen. Richte deine Aufmerksamkeit vor allem auf den Anfang und das Ende der einzelnen Abschnitte, weil dort oft das besonders Wichtige steht.
- Halte nach jedem Sinnabschnitt kurz inne und frage dich, ob du alles verstanden hast. Falls nicht, lies die betreffende Textstelle noch einmal gründlich nach.
- Nach dem Lesen kläre das evtl. noch Unverstandene. Frage jemanden oder schau in einem Wörterbuch oder Lexikon nach.

3. Schritt: wichtige Textinformationen markieren

- Da du jetzt weißt, worum es in dem Text geht, suche die wichtigen Gedanken und Aussagen heraus und markiere die Schlüsselwörter (→ S. 59) mit einem Textmarker oder unterstreiche sie. Markiere oder unterstreiche jedoch sparsam; etwa 15–20 % des Textes genügen völlig, sonst verlierst du leicht die Übersicht.
- Lies zum Schluss die gekennzeichneten Stellen noch einmal aufmerksam durch und präge sie dir ein.

4. Schritt: Textinhalte vertiefen

- Prüfe nun, ob und wie du die Textinhalte ordnen oder veranschaulichen könntest, damit sie sich besser behalten lassen:
  - Wie könnte man den Lernstoff durch eine Skizze, ein Raster, ein Diagramm oder eine Mindmap optisch veranschaulichen?
  - Lassen sich mit Pfeilen, Einkreisungen, Strichverbindungen etc. Bezüge herstellen?

5. Schritt: Lerninhalte auswählen und einprägen

- Lege nun fest, was genau du dir für deine Aufgabenstellung einprägen möchtest oder musst. Schreibe die entsprechenden Schlüsselwörter in dein Heft und/oder nutze ein Ordnungssystem.
- Berichte nun jemandem, wovon der gelesene Text handelt. Falls du gerade keinen Zuhörer findest, kannst du auch vor dem Spiegel üben und dir selbst die Zusammenfassung laut vorsprechen. Du könntest auch deinen Kassettenrekorder zu Hilfe nehmen, den Text anhand der Schlüsselwörter aufsprechen und ihn dir einige Male anhören.

Hinweis!

Mitunter musst du auch Texte lesen und durcharbeiten, bei denen du das Gefühl hast, dass sie dich überfordern und du nach dem Durchlesen kaum etwas behalten hast. Dann bleibt dir meistens nichts anderes übrig, als sie verständlich zu machen. Dazu könntest du z. B. so vorgehen:

- lange Sätze verkürzen,
- komplizierte Sätze vereinfachen und den Textinhalt mit deinen eigenen Worten ausdrücken,
- abstrakte Formulierungen durch passende Beispiele ergänzen und veranschaulichen,
- den Text in eine Mindmap (→ S. 69), eine Tabelle (→ S. 66f.) etc. übertragen,
- häufiger als sonst ein Lexikon zu Rate ziehen.

Diese Bearbeitungsmethoden können etwas mühsam sein, sie führen jedoch dazu, dass du den Textinhalt gut verstehen und behalten kannst.

Die Fünf-Schritte-Methode zum Einprägen und Nachschlagen

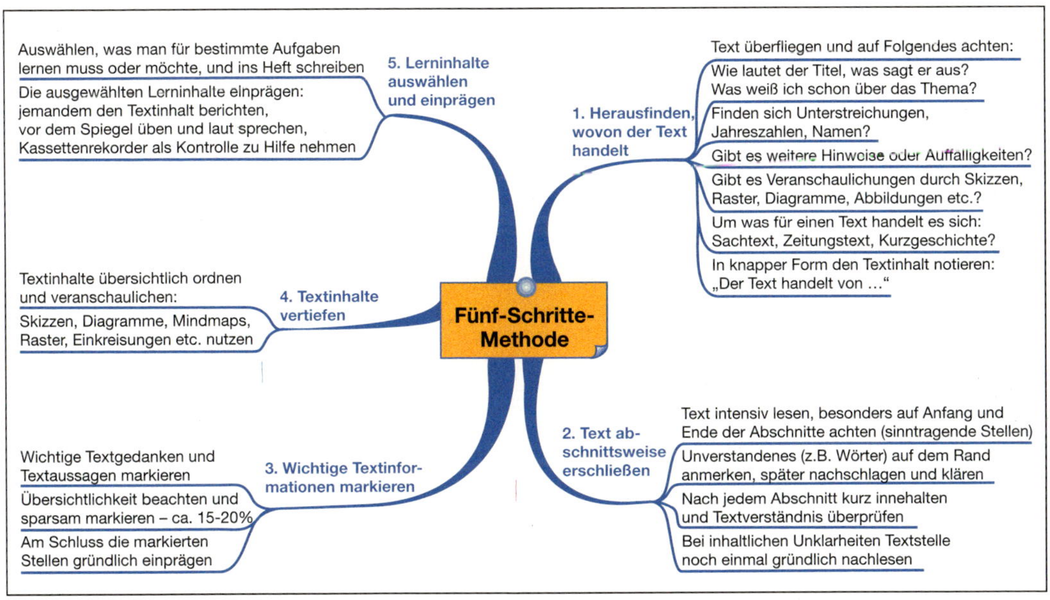

Texte markieren und den Seitenrand nutzen

Wenn du einen Text bearbeitest, musst du sicherstellen, dass du auch die wichtigsten Informationen behältst. Dabei helfen dir Markierungstechniken, mit denen die sinntragenden Textstellen z. B. durch Unterstreichen oder durch Überstreichen mit einem Textmarker kenntlich gemacht werden. Gedanken, die für deine Leseabsicht (→ S. 49) bzw. Aufgabenstellung wichtig sind, kannst du auch in Form von Schlüsselwörtern auf dem Rand festhalten und hervorheben.

Hinweis!

„Markieren“ meint in diesem Buch sowohl Unterstreichen als auch Überstreichen mit einem farbigen Marker, weil beide Methoden wichtige Textstellen hervorheben und somit denselben Zweck erfüllen.

Vorteile des Markierens

- Markierungen verkürzen Textinhalte auf das Wesentliche.
- Sie machen einen Text übersichtlicher.
- Sie erleichtern das Wiederauffinden einer Textstelle und das spätere Wiederholen des Inhalts.
- Beim Auswählen der Stichworte, die markiert werden sollen, konzentriert man sich auf den Textinhalt und behält ihn dadurch besser.

Texte markieren:

Zum Markieren von Texten benötigst du einen Bleistift und einen hellen Marker, um wichtige Begriffe und Ausdrücke hervorzuheben. Für Unterstreichungen empfiehlt es sich, ein Lineal zu benutzen. Ein Kugelschreiber ist für Markierungen ungeeignet, weil er nicht radierbar ist. Da Überstreichungen mit einem Textmarker nicht rückgängig zu machen sind, solltest du erst dann damit arbeiten, wenn du dich sicher fühlst. Markiere sparsam, damit der bearbeitete Text übersichtlich bleibt.

So kannst du vorgehen:

- Lies den Text aufmerksam durch und unterstreiche wichtige Schlüsselwörter mit einem weichen Bleistift.
- Lies den Text ein zweites Mal und überprüfe deine Unterstreichungen. Falls notwendig, ergänze sie oder radiere überflüssige Unterstreichungen aus. Textstellen, die du für sehr wichtig hältst oder die du dir besonders merken möchtest, kannst du farbig markieren oder auch einkreisen.
- Wenn du noch Nebeninformationen wie Namen, Daten etc. kennzeichnen möchtest, unterstreiche sie mit einem dünnen roten Strich.

Schlüsselwörter und Randnotizen

Schlüsselwörter sind Begriffe, die für die Textaussage besonders bedeutsam sind. Wir benötigen sie als Auslöser, um unser Gedächtnis wieder zu aktivieren. In manchen Fällen ist es sinnvoll, Schlüsselwörter, die man sich herausschreibt oder auf dem Rand vermerkt, durch ein Adjektiv oder ein Verb zu ergänzen, damit man sich besser erinnern kann.

Randnotizen, die man selbst formuliert, unterstützen das Einprägen und Wiedererinnern der Textinhalte. Die Randspalte lässt sich auch dazu nutzen, die Textgliederung zu verdeutlichen. Bei längeren Texten kann man sich die Übersicht und das Verständnis erleichtern, wenn zusätzlich Symbole oder Abkürzungen auf dem Seitenrand angebracht werden, z. B.: ! = wichtig, ? = klären, exz. = exzerpieren, s. o. = siehe oben, Lex = Nachschlagen.

↓ **Textmarkierungen mit Unterstreichungen und farbigen Hervorhebungen**	↓ **Beispiel für die Randnutzung**
Konzentration	
Die Fähigkeit sich zu konzentrieren ist eine der wichtigsten Voraussetzungen für ein gut funktionierendes Gedächtnis. Viele Menschen glauben, ihr Gedächtnis arbeite nicht richtig oder hätte nachgelassen. Geht man den Ursachen nach, stellt sich häufig heraus, dass nicht ihr Gedächtnis an sich unzulänglich arbeitet, sondern ihnen die Fähigkeit fehlt, sich zu konzentrieren.	Konz. = Voraussetzung für gutes Gedächtnis Zweifel am Gedächtnis fehl. Konz. verursacht Behaltensprobleme
Unter Konzentration verstehen wir die Fähigkeit, eine klar beschriebene Aufgabe über einen definierten Zeitraum sorgfältig und zügig auszuführen. Konzentrieren müssen wir uns, wenn wir Informationen aufnehmen, verarbeiten und diese wiedergeben wollen. Wer beispielsweise beim Einprägen von Vokabeln, in einer Vorstellungsrunde, beim Besuch eines wissenschaftlichen Vortrags nicht genau und sorgfältig wahrnimmt, wird die ihm übermittelten Informationen nicht richtig speichern und verarbeiten. So stehen ihm später beim Aufrufen nur unvollständige Informationen zur Verfügung. Ähnlich ergeht es denjenigen, die nicht voll bei der Sache sind, etwa weil sie durch äußere Einflüsse abgelenkt werden. Der Prozess des Aufnehmens und Aufrufens von Informationen wird gestört und unser Gedächtnis bringt nicht die erwünschte Leistung. …	Konz. = Fähigkeit, Aufgaben sorgfältig auszuführen Konz. bei Info-Aufnahme und -wiedergabe wichtig Beisp.: Vokabeln, Vorstellung, Vortrag Ablenkung führt zu lückenhaften Gedächtnisleistungen

Selbstkontrolle

1. Decke den gesamten Text mit einem Blatt ab und schiebe es dann zeilenweise nach unten. Jedes Mal, wenn du in der linken Spalte auf eine Markierung triffst, versuche dich an den Gesamtkontext zu erinnern und sprich ihn dir laut vor.
2. Nach einer kurzen Pause decke nur die linke Spalte ab und fasse den Textinhalt mithilfe der Stichwörter in der Randspalte schriftlich zusammen. Vergleiche anschließend dein Ergebnis mit dem Originaltext.

Textinhalte exzerpieren

Beim Exzerpieren notiert man sich aus Büchern oder Texten wichtige Aussagen und Sachverhalte, die man für einen Vortrag, eine Facharbeit oder eine umfangreichere Hausarbeit nutzen will. Insofern schult das Exzerpieren auch das Leseverständnis. Die Methode wird auch angewendet, wenn man seine Kenntnisse und sein Wissen über bestimmte Fachbereiche erweitern möchte. Man unterscheidet zwischen wörtlichen Exzerpten, die als Zitate verwendet werden sollen, und freien Exzerpten. Bei letzteren werden Textpassagen mit eigenen Worten zusammengefasst; dabei dürfen Inhalt und Aussage eines Originaltextes jedoch nicht verändert werden.

Karteikarte oder Ringbuchblatt?

Auf einem Ringbuchblatt lässt sich mehr Text unterbringen als auf einer Karteikarte. Außerdem erspart einem ein Ringbuch den Karteikasten für Karten im DIN-A5-Format. Wenn man als erste Seite ein Inhaltsverzeichnis einfügt, das auf ein entsprechendes Register im Ringbuch verweist, findet man seine Exzerpte schnell wieder. Das Ringbuch lässt sich auch leichter in der Schultasche transportieren.

Hinweise!

- Exzerpte werden häufig zu Fachtexten angefertigt. Zur Sicherung des Textverständnisses empfiehlt es sich deshalb, ein (Fach-) Lexikon bereitzuhalten.
- Bei längeren wörtlichen Exzerpten fertigt man am besten auf dem Schulkopierer oder im Copyshop eine Kopie an. Das ist Zeit sparend und vermeidet Abschreibfehler. Die Kopien kann man auf Karteikarten kleben oder im Ringbuch abheften.

Beim Exzerpieren geht man so vor:

1. festlegen, auf welche Fragestellungen bzw. Sachverhalte man sich konzentrieren möchte;
2. Überblick verschaffen;
3. Text abschnittsweise lesen und diejenigen Textstellen markieren, die man für seine Aufgabenstellung exzerpieren möchte;
4. ausgewählten Text auf Ringbuchblätter (DIN A5) oder auf Karteikarten (DIN A5) übertragen; wörtliche Exzerpte (Zitate) durch Anführungsstriche kennzeichnen;
5. Quellenangaben (s. Beispiel) ebenfalls auf der Karteikarte oder dem Ringbuchblatt vermerken.

Beispieltext: Was müssen wir wiederholen?

Doppelt genäht hält nicht immer besser. Wortschatz soll nur so lange gelernt werden, bis er sitzt. Jedes weitere Lernen wäre Zeitverschwendung. Die Gefahr des Überlernens ist groß, wenn man nach der Abdeckmethode[1] verfährt. Bereits gekonnter Wortschatz wird immer mit wiederholt. Auch das traditionelle Ankreuzen der harten Nüsse im Wörterheft hilft da nicht, weil nach dem vierten Wiederholen jedes dritte Wort angekreuzt ist. Allein die Lernkartei (Seite 116), besser noch das Computerprogramm (Seite 125), gibt zuverlässig Auskunft, welcher Teil des Wortschatzes zu wiederholen ist. Gelernt werden soll nur, was vergessen wurde. Dadurch reduziert sich der Lernstoff von Schritt zu Schritt.
Eine Variante ist die gezielte Wiederholung von Schwachpunkten. Dazu müssen wir aber unsere Schwächen kennen und die harten Nüsse in einer Abteilung der Kartei sammeln. Dies ist freilich leichter gesagt als getan. Nicht jeder bringt die erforderliche Disziplin dafür mit. Ein Computerprogramm nimmt uns diese Arbeit ab. Nicht gekonnter Wortschatz wird sofort nach dem ersten Lernen wieder vorgelegt und rot markiert. Wortschatz, für den wir Hilfen benötigen,

[1] Abdeckmethode – Wortschatz in einem Vokabelheft einmal links, dann rechts abdecken und lernen

erhält eine gelbe, auf Anhieb gekonnter Wortschatz eine grüne Markierung. Wir brauchen also nur noch die gelben und die roten zu wiederholen. Die Problemfälle drucken wir aus und hängen sie sichtbar an einem Ort auf, an dem wir täglich vorbeigehen. Sekunden und Minuten reichen für das tägliche Wiederholen *en passant*[1].

Beispiel für ein Exzerpt

Wortschatz wiederholen	← Hinweis auf das Thema des Exzerpts
Robert Kleinschroth: Sprachen lernen. Der Schlüssel zur richtigen Technik. Hamburg: Rowohlt Taschenbuch Verlag, 2000, S. 72.	← Quellenangabe mit Autor, Titel, Erscheinungsort und Verlag, Erscheinungsjahr, Seitenangabe des Textes
S. 72, 1. Abschnitt – Wortschatz nur lernen, bis er sitzt – weiteres Lernen = Zeitverschwendung – Abdeckmethode führt zum Überlernen (= lernen, was man schon weiß) – schwere Wörter im Vok.heft ankreuzen hilft nicht – Lernkartei u. Computerprogr. geben verlässliche Hinweise – nur lernen, was vergessen wurde, das reduziert Lernstoff	← Seitenzahl und Abschnitt ↓ Exzerpt 1. Abschnitt
S. 72, 2. Abschnitt – Variante: schwere Vokabeln vor Wiederholung in Kartei sammeln – dafür auch Computerprogr.: markiert gekonnte u. nicht-gekonnte Vok. – Problemfälle ausdrucken, sichtbar aufhängen, im Vorbeigehen lernen	← Seitenzahl und Abschnitt ↓ Exzerpt 2. Abschnitt
—— Zitate ——	
S. 72, 1. Abschnitt „Die Gefahr des Überlernens ist groß, wenn man nach der Abdeckmethode verfährt."	← Zitat steht in Anführungszeichen
„Allein die Lernkartei […], besser noch das Computerprogramm […], gibt zuverlässig Auskunft, welcher Teil des Wortschatzes zu wiederholen ist."	← Drei Punkte in eckigen Klammern verweisen darauf, dass etwas aus dem Originaltext ausgelassen worden ist.

[1] en passant – im Vorbeigehen

Lernstoff veranschaulichen

Grafische Darstellungen und andere Formen der Visualisierung tragen dazu bei, Textinhalte verständlicher darzustellen. Mithilfe dieser Methode werden Informationen optisch übersichtlich angeordnet und inhaltlich auf Schlüsselwörter und knappe Formulierungen verkürzt. Durch diese Form der Bearbeitung setzt man sich intensiv mit dem Lernstoff auseinander. Visuelle Darstellungen erleichtern das Verstehen und Behalten besonders dann, wenn man sie selbst erstellt hat. Deshalb sollte man immer dort, wo sich die Möglichkeit dazu bietet, die Vorteile von Veranschaulichungen nutzen, um sich neuen Lernstoff einzuprägen. Schon einfache Visualisierungen fördern das Verständnis und Behalten des Lernstoffs beträchtlich, denn unser Gedächtnis erinnert sich leichter an bildhafte Darstellungen als an Geschriebenes und Gehörtes.

Hinweis!

Auch die Mindmap ist eine wichtige Form der Veranschaulichung (→ S. 69).

Für die Textbearbeitung wird man im Allgemeinen auf Flussdiagramme, Zeitachsen, Tabellen, Mindmaps, Skizzen und Zeichnungen zurückgreifen. Während eines Vortrags erleichtern visuelle Formen der Veranschaulichung die Informationsaufnahme bei den Zuhörern. Als weitere Veranschaulichungsmittel bieten sich dazu an: Folien, Tafelbilder, Videoausschnitte, Dias etc.

In diesem Kapitel werden folgende Mittel der Veranschaulichung an Beispielen erläutert:

- Flussdiagramm
- Zeitachse
- Tabelle
- Skizze

Ein Flussdiagramm anfertigen

Flussdiagramme, auch Ablaufdiagramme genannt, verwendet man, um den chronologischen Ablauf von Handlungen, Vorgängen und Ereignissen zu verdeutlichen. Wenn man z. B. einen Unfallbericht schreibt oder einem Freund mailt, wie er vorgehen muss, um eine Speichererweiterung in seinen Computer einzubauen oder wie er ein bestimmtes Gerät bedienen muss, leisten Ablaufdiagramme gute Dienste.

Beispiel

Das Geldinstitut hat geschlossen und du möchtest den Automaten in der Vorhalle benutzen:

EC-Karte in ein Lesegerät an der Eingangstür schieben und Karte wieder entnehmen

↓

durch die sich öffnende Tür die Vorhalle betreten

↓

die EC-Karte in den Karteneingabe-schlitz des Geldautomaten schieben

↓

persönliche Geheimzahl eintippen, sobald diese Aufforderung auf dem Bildschirm erscheint

↓

Bestätigungstaste drücken

↓

den gewünschten Geldbetrag eingeben

↓

Bestätigungstaste drücken

↓

wenn EC-Karte aus dem Karteneingabeschlitz herausgeschoben wird, diese entnehmen

↓

sobald der gewählte Geldbetrag in einer Aus-gabelade erscheint, diesen herausnehmen

↓

Geldbetrag überprüfen und verstauen

↓

Schalterhalle verlassen

Eine Zeitachse erstellen

Eine Zeitachse erstellt man, wenn man sich über geschichtliche Epochen (z. B. Mittelalter) oder das Leben und die Werke bekannter Persönlichkeiten (z. B. Goethe, die Beatles) einen Überblick verschaffen möchte. Dazu notiert man neben den Jahreszahlen wichtige Informationen in Kurzform.

Beispiel

Die Geschichtslehrerin hat Kurzvorträge verteilt zum Thema: „Künstler und Wissenschaftler der Renaissance". Alex möchte über Galileo Galilei berichten und sammelt dazu Material aus dem Lexikon und aus dem Internet (→ S. 76). Anschließend schreibt er die wichtigsten Informationen als Gedächtnisstütze auf Karteikarten. Um seinen Mitschülerinnen und Mitschülern die Vortragsinhalte zu veranschaulichen, kopiert er eine Zeitachse auf eine Transparentfolie. Zum besseren Verständnis der Thematik wird er auch zwei Bilder zeigen.

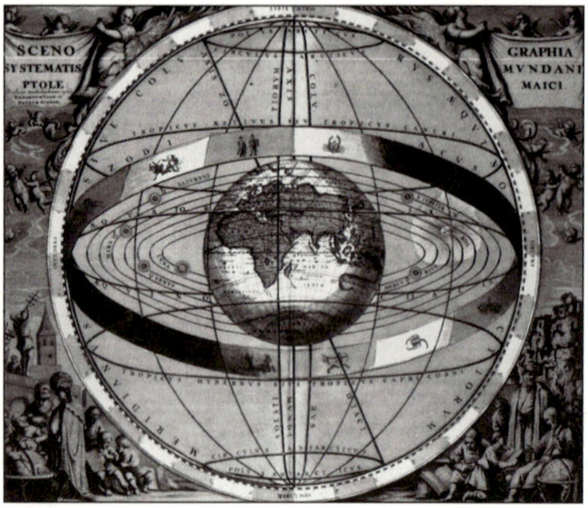

Bild 1

Bild 2

	Galileo Galilei (* 1664 in Pisa – † 1642 in Arci bei Florenz)
Allgemeine Informationen	▪ Begründer der modernen, auf Erfahrung und Experiment beruhenden Physik
	▪ widerlegte das geozentrische Weltbild des Ptolemäus (→ Bild 1) (Die Erde ist der Mittelpunkt und die anderen Planeten sowie die Sonne drehen sich um die Erde.)
	▪ trat für das von Kopernikus entwickelte heliozentrische System ein (→ Bild 2) (Die Erde und alle anderen Planeten kreisen um die Sonne.)
	▪ Untersuchungen zu Fall- und Wurfbewegungen
	▪ machte verschiedene Erfindungen
	▪ stammte aus einer Florentiner Patrizierfamilie
	▪ wurde in einem Kloster erzogen
1581	▪ Studium der Medizin an der Universität Pisa, später Wechsel zur Mathematik und Physik
	▪ Untersuchung der Gesetzmäßigkeiten der Pendelschwingungen und Fallgesetze
	▪ erfand Waage zur Bestimmung des spezifischen Gewichts von Stoffen
ab 1593	▪ verschiedene Lehraufträge und Professuren, u. a. in Pisa, Padua und Florenz
1610	▪ baute ein in Holland erfundenes Fernrohr nach; entdeckte Mondberge, Jupitermonde, Sonnenflecken, u. a.
	▪ wurde nach Florenz berufen; trat für heliozentrisches Weltbild des Kopernikus ein

1613	■ verfasste Schrift über Verhältnis der Bibel zum heliozentrischen System ■ Widerspruch zur Lehre der kathol. Kirche und zum geozentr. Weltbild ■ Auseinandersetzung mit römischer Kirche und dem Papst
1616	■ Verbot seiner Lehre durch die röm.-kathol. Kirche
1630	■ G.s neue Schrift „Dialog über die beiden großen Weltsysteme" führte zum Prozess gegen ihn
1633	■ Anklage wegen Ungehorsams und Ketzerei durch Inquisitionsgericht (Kirchengericht) ■ Androhung der öffentlichen Verbrennung ■ gezwungen, seine Lehre als falsch zu widerrufen ■ Verurteilung zum lebenslangen Hausarrest ■ befasste sich in der Folgezeit mit anderen physikalischen Problemen
1992	■ wurde von der röm.-kathol. Kirche rehabilitiert

Vom Text zur Tabelle

Um den Inhalt von Texten, die Abläufe, Ereignisse etc. wiederzugeben und zu veranschaulichen, eignen sich Tabellen. Sie bestehen aus Reihen und Spalten und können waagerecht oder senkrecht gelesen werden. In einer Tabelle lassen sich bestimmte Gesichtspunkte eines Textes übersichtlich darstellen und vergleichen. Bei der Erstellung einer Tabelle werden Textinhalte auf das Wesentliche reduziert. Dadurch trainiert man auch sein Textverständnis.

Paul Maar: In der neuen Klasse (Beispiel 1)

Nun ist Robert schon drei Wochen in der neuen Klasse.

Aber Freunde hat er immer noch nicht. Manche aus seiner Klasse kann er gut leiden. Aber die haben alle schon einen Freund.

Am besten gefällt ihm die Simone aus der zweiten Bank. Simone hat kurze, dunkle Haare. Wenn Simone lacht, werden ihre Augen ganz schmal. Wie bei einer Eskimofrau. Simone lacht oft. Das gefällt Robert so gut an ihr. Ihm hat sie auch schon einmal zugelacht.

Aber Simone ist ausgerechnet mit Frank befreundet. Und den kann Robert überhaupt nicht leiden.

Frank ist der Stärkste aus der Klasse. Das will er jeden Tag beweisen. Außerdem ist er ein Angeber. Robert kann gar nicht verstehen, was Simone an Frank findet.

In der großen Pause, als Frank gerade mit Jürgen rauft, geht Robert zu Simone. Sie steht am Zaun und isst ihr Pausenbrot.

„Was meinst du, wer gewinnt?", fragt Robert. „Frank oder Jürgen?"

„Ist mir doch egal", sagt Simone.

„Das ist dir egal?", fragt Robert erstaunt.

„Frank ist doch dein Freund. Willst du nicht, dass er gewinnt?"

„Wer sagt denn, dass Frank mein Freund ist? Außerdem kann ich Schlägereien sowieso nicht leiden."

„Ach so", sagt Robert. Er kramt in seiner Jackentasche und holt eine Dose heraus. Er öffnet sie. Sie ist bis an den Rand gefüllt mit lauter weißen Kügelchen.
„Magst du ein Bonbon?", fragt Robert und hält Simone die Dose hin.
„Das sind Bonbons? Die sehen aus wie Kopfschmerztabletten", sagt Simone.
„Das sind Pfefferminzbonbons. Probier doch mal! Sie schmecken gut", sagt Robert.
Als Simone gerade in die Dose greifen will, kommt Frank zurück.
Er schlägt von unten gegen die Dose. Alle Bonbons fliegen heraus und liegen auf dem Schulhof.
„Schaut mal: Ein Wunder! Es hat geschneit!", ruft Frank. „In diesem Jahr kommt der Winter schon im September. Eine Sensation! Das müssen wir gleich dem Fernsehen melden!"
Alle, die herumstehen, lachen.
Sogar Simone muss unwillkürlich lachen. Dabei will sie es eigentlich gar nicht. Aber die weißen Bonbons sehen wirklich wie Schnee aus.
Robert könnte heulen vor Wut. Er steckt die leere Dose in die Tasche und geht. Die Bonbons lässt er liegen. Er geht ganz schnell. Die anderen sollen nicht sehen, dass ihm die Tränen in die Augen steigen.
Sogar Simone hat gelacht über ihn! So eine Gemeinheit. „Die sind alle gemein", murmelt Robert vor sich hin. „Ich will keinen von denen als Freund. Ich spiele nur noch mit Trebor!"
Simone schaut hinter Robert her.
„Jetzt ist er beleidigt", sagt sie zu Frank. „Du bist schuld daran!"
„Na und?", sagt Frank und lacht. „Was kann ich dafür, wenn er so schnell beleidigt ist und keinen Spaß versteht?"
„Ich find es trotzdem doof von dir, dass du die Bonbons ausgeschüttet hast", sagt Simone.
„Du findest mich doof? Sag das noch einmal!", sagt Frank drohend.
„Ja, ich finde dich doof!", sagt Simone mutig und dreht Frank den Rücken zu. Aber all das hat Robert nicht gehört, weil er ja so schnell weggegangen ist.

Tabelle zu „In der neuen Klasse"
Die inhaltliche Erschließung erfolgt hier über W-Fragen:

Fragen		Erläuterungen
Wer	kommt in der Geschichte vor?	Robert – neuer Mitschüler Simone – mit Frank befreundet Frank – rauft gern
Was	geschieht?	Robert bietet Simone ein Bonbon an Frank schlägt Robert Bonbondose aus der Hand Simone lacht, stellt Frank aber zur Rede Robert geht beleidigt fort
Wann	geschieht es?	in der Schulpause
Wo	geschieht es?	auf dem Schulhof
Warum	geschieht es?	Frank will seine Stärke beweisen; Eifersucht?
Welche Folgen hat es?		Robert ist enttäuscht und beleidigt Simone und Frank haben Streit

James Thurber: Arthur und AL auf Freiersfüßen (Beispiel 2)

Es war einmal ein junger Biber, der hieß AL und bewarb sich gemeinsam mit einem älteren Biber namens Arthur um die Gunst eines hübschen Biberweibchens. Die junge Dame wollte von AL nichts wissen, weil er ein Leichtfuß und ein Taugenichts war. Er hatte in seinem Leben noch kein Stückchen Holz benagt, denn er zog es vor, zu essen, zu schlafen, in den Flüssen herumzuschwimmen und ‚Hasch-mich' mit den Bibermädchen zu spielen. Arthur dagegen, der ältere Biber, hatte seit der Zeit, da er seine ersten Zähne bekam, immer nur gearbeitet und nie irgendetwas mit irgendwem gespielt.
Als der junge Biber das Biberweibchen bat, ihn zu heiraten, sagte sie, das komme nicht in Frage, es sei denn, er bringe es zu etwas. Sie wies ihn darauf hin, dass Arthur schon zweiunddreißig Dämme gebaut habe und zurzeit an drei weiteren arbeite, während er, AL, bisher noch nicht einmal an ein Brotbrett oder ein Nudelholz herangegangen sei. AL war sehr traurig, erklärte aber, er denke nicht daran zu arbeiten, nur weil eine Frau es von ihm verlange. Als sie ihm daraufhin ihre schwesterliche Liebe anbot, erwiderte er, dass er bereits siebzehn Schwestern habe, deren Liebe ihm vollauf genüge. So nahm er denn sein gewohntes Leben wieder auf: Er aß, schlief, schwamm in den Flüssen herum und spielte mit den Bibermädchen ‚Ich sehe was, was du nicht siehst'.
Das Biberweibchen heiratete eines Tages Arthur – in der Mittagspause, denn er konnte seine Arbeit nicht länger als eine Stunde im Stich lassen. Sie bekamen sieben Kinder, und Arthur arbeitete so hart für den Unterhalt seiner Familie, dass er sich die Zähne bis zum Gaumen abwetzte. Bald war er nur noch ein Schatten seiner selbst, und er starb, ohne je in seinem Leben Urlaub genommen zu haben.
Der junge Biber fuhr fort, zu essen, zu schlafen, in den Flüssen herumzuschwimmen und mit den Bibermädchen ‚Blindekuh' zu spielen. Er brachte es nie zu etwas, aber er lebte herrlich und in Freuden und wurde steinalt.
Moral: Es ist besser, zu faulenzen und zu verzichten, als überhaupt nicht zu faulenzen.

Tabelle zu „Arthur und AL auf Freiersfüßen"
Die inhaltliche Erschließung erfolgt hier über einen Vergleich der beiden Hauptpersonen.

	AL	Arthur
Lebensauffassung	– geht Arbeit aus dem Wege – essen, schlafen, herumschwimmen – Spiele mit Bibermädchen – genießt sein Leben	– von klein auf nur gearbeitet – zweiunddreißig Dämme gebaut – drei weitere Dämme in Arbeit – arbeitet sich zu Tode
Beziehung zum Biberweibchen	– wird als „Leichtfuß und Taugenichts" abgelehnt – möchte B. heiraten – lässt sich nicht zur Arbeit zwingen – gibt Heiratspläne auf – lehnt schwesterliche Liebe ab	– heiratet B. – sieben Kinder – arbeitet hart für Familie
Beziehungen zu anderen Bibern	– nur zu Bibermädchen – gemeinsame Spiele	– nur zum Biberweibchen – keine Zeit zum Spielen

Eine Skizze anfertigen

Skizzen eignen sich besonders gut zum Einprägen von Sachwissen im visuellen Gedächtnis, vor allem dann, wenn man sie selbst erarbeitet und mit einem erläuternden Text versieht.

Beispiel
Im Unterricht wurde über Erdölprodukte und die Destillation des Rohöls gesprochen. Anne hat sich dazu Notizen gemacht und auch die Kreideskizze einer Erdölraffinerie, die der Lehrer an die Tafel gezeichnet hat, in ihr Hausheft übertragen. Deshalb fällt ihr auch die Hausaufgabe für die nächste Stunde leicht: „Überarbeite das Tafelbild und schreibe einen erklärenden Text zu den Abläufen in einer Erdölraffinerie."

Zunächst fertigt Anne die Skizze an und beschriftet sie. Dann schreibt sie mithilfe ihrer Notizen den Begleittext.

Das aus großer Tiefe gewonnene Rohöl besteht aus einer Mischung verschiedener Substanzen, die für industrielle und medizinische Zwecke verwendet werden können. Sie müssen aber durch ein Trennverfahren, das man Destillation nennt, aus der Rohölmasse herausgelöst werden. Dies geschieht in Raffinerien.
Zunächst wird das Rohöl entsalzt und danach in einem Brenner auf 400 Grad erhitzt. Anschließend wird es in einen bis zu 50 m hohen Behälter geleitet, den man Kolonne nennt, wo es in seine Bestandteile getrennt wird. Je leichter die Bestandteile sind, desto höher gelangen sie in der Kolonne nach oben, so dass sich unterschiedliche Schichten ergeben. Die Flüssigkeiten werden dann auf den verschiedenen Ebenen entnommen. Auf diese Art und Weise gewinnt man (von oben nach unten) Gas und Petroleum, Benzin, Kerosin, Leichtöl sowie Schweröl. Ganz unten setzt sich der Bodensatz ab, der später in einem besonderen Verfahren noch zu Asphalt, Paraffin und Schmieröl weiterverarbeitet wird.

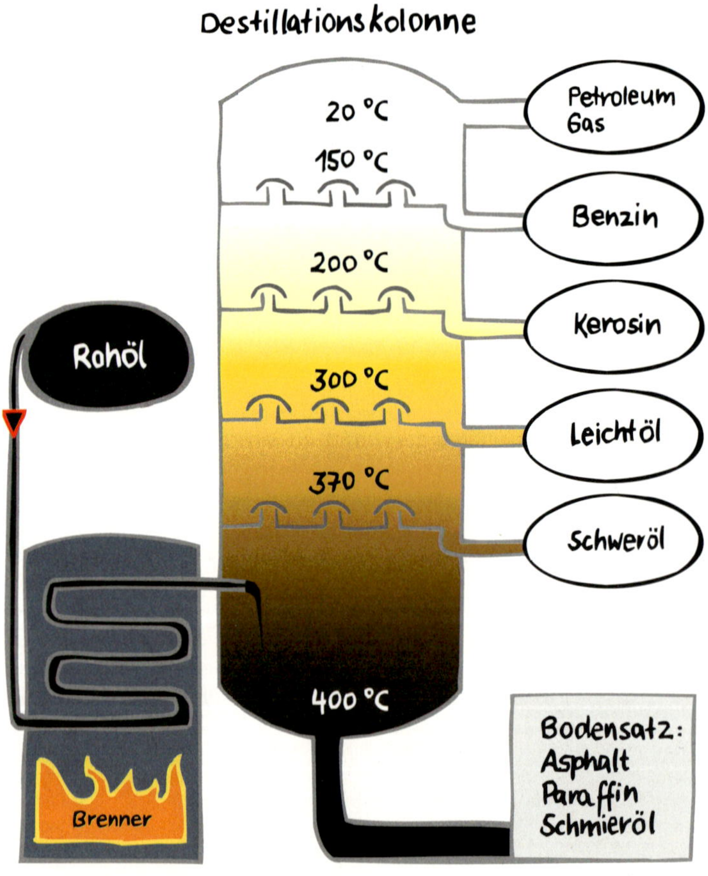

Am Abend erklärt Anne ihrem Vater anhand der Skizze die Abläufe in einer Erdölraffinerie. Sie deckt jedoch den Text ab. Dabei stellt sie fest, dass sie den Lernstoff nun so gut beherrscht, dass sie ihn in der nächsten Stunde vortragen möchte.

Mindmaps für die Stoffsammlung und Textarbeit

Der Begriff Mindmap lässt sich in etwa mit „Gedankennetz“ oder „Gedächtniskarte“ übersetzen. Mindmaps sind eine besondere Form des Notizenmachens, an die man sich zunächst allerdings gewöhnen muss, weil die Stichpunkte nicht wie sonst üblich untereinander geschrieben, sondern über ein ganzes Blatt verteilt und vernetzt werden. Da man den Lernstoff auf Schlüsselwörter verkürzt, setzt man sich intensiv mit ihm auseinander, so dass er sich über lange Zeit gut einprägt und auch das spätere Wiederholen leichter fällt. Mindmaps werden oft auch durch Zeichnungen, kleine Bildchen, Pfeile etc. ergänzt, wodurch sie sich im Gedächtnis optisch gut einprägen.

Notizen in Form einer Mindmap

Die Deutschlehrerin hat der Klasse aufgetragen, Notizen zu einer Diskussion über Ferienplanungen zu machen. Eine Schülerin hat dazu eine Mindmap angefertigt. Um sie ansprechender zu gestalten und um sie sich besser einzuprägen, hat sie kleine Bildchen eingefügt.

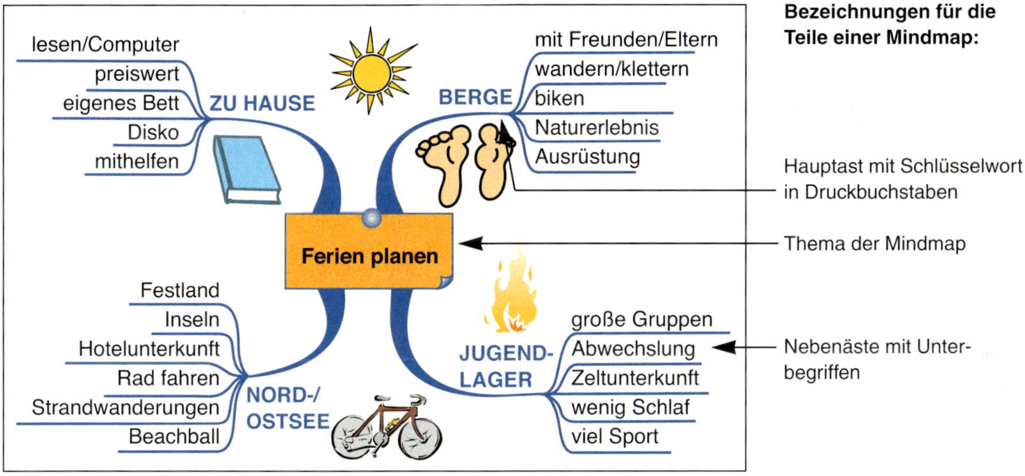

Vom Brainstorming zur Mindmap

Wenn du Ideen und Gedanken, zu denen du etwas sagen oder schreiben willst, in einer Mindmap zusammenstellen möchtest, dann halte dich an folgende Regeln:

1. Sammle mithilfe des Brainstorming viele Ideen (→ S. 81); werte sie aus und entscheide dich für Schlüsselwörter (Oberbegriffe), die du für deine Mindmap verwenden willst (s. Beispiel).

Hinweis!
Mindmaps werden im Allgemeinen im Uhrzeigersinn gelesen.

2. Schreibe in die Mitte eines DIN A4-Blattes (quer) das Thema in Großbuchstaben und kreise es ein.
3. Binde nun so viele Hauptäste an den Kreis, wie du für deine Schlüsselwörter benötigst. Schreibe auf jeden Hauptast nur ein Schlüsselwort in Großbuchstaben.
4. Schließe nun die Nebenäste an und schreibe die Unterbegriffe auf die Linien, in normaler Schriftgröße.
5. Falls den Unterbegriffen noch andere Wörter zugeordnet werden sollen, kannst du weitere Auszweigungen anfügen für „Unterunterbegriffe".
6. Überlege zum Schluss, wie du deine Mindmap durch Bilder, Symbole und Farben attraktiver gestalten kannst.

Im Folgenden werden die wichtigsten Schritte vom Brainstorming zur fertigen Mindmap noch einmal veranschaulicht.

Brainstorming: Ideen finden und sortieren

Im Brainstorming-Kapitel (→ S. 81) wird gezeigt, wie du eine Tabelle für die Sammlung von Ideen verwenden kannst. In diesem Kapitel lernst du ein Netzdiagramm kennen, das ist eine Variante der Mindmap. Netzdiagramme eignen sich besonders gut für das Brainstorming beim Mindmapping, weil sie sich schnell erweitern lassen und durch die Verwendung von Nebenästen Gedanken schon vorgeordnet werden können.

Beispiel: Mein Wohnort

So geht man beim Brainstorming mit einem Netzdiagramm vor:

- In der Mitte eines DIN-A4-Blattes kreist man das Thema ein, z.B. „Mein Wohnort".
- Dann zieht man nacheinander Linien aus und schreibt Stichworte darauf, die einem einfallen.
- Falls man ins Stocken gerät, versucht man passende Begriffe an die bereits vorhandenen Stichworte anzuhängen (s. Beispiel).
- Nach ca. 10 Minuten beendet man das Brainstorming und entscheidet sich, welche der gesammelten Ideen man für die Mindmap verwerten möchte.
- Wie beim Brainstorming mit einer Tabelle (→ S. 81) sollte man auch hier neue Gedanken einfügen und verwerten.

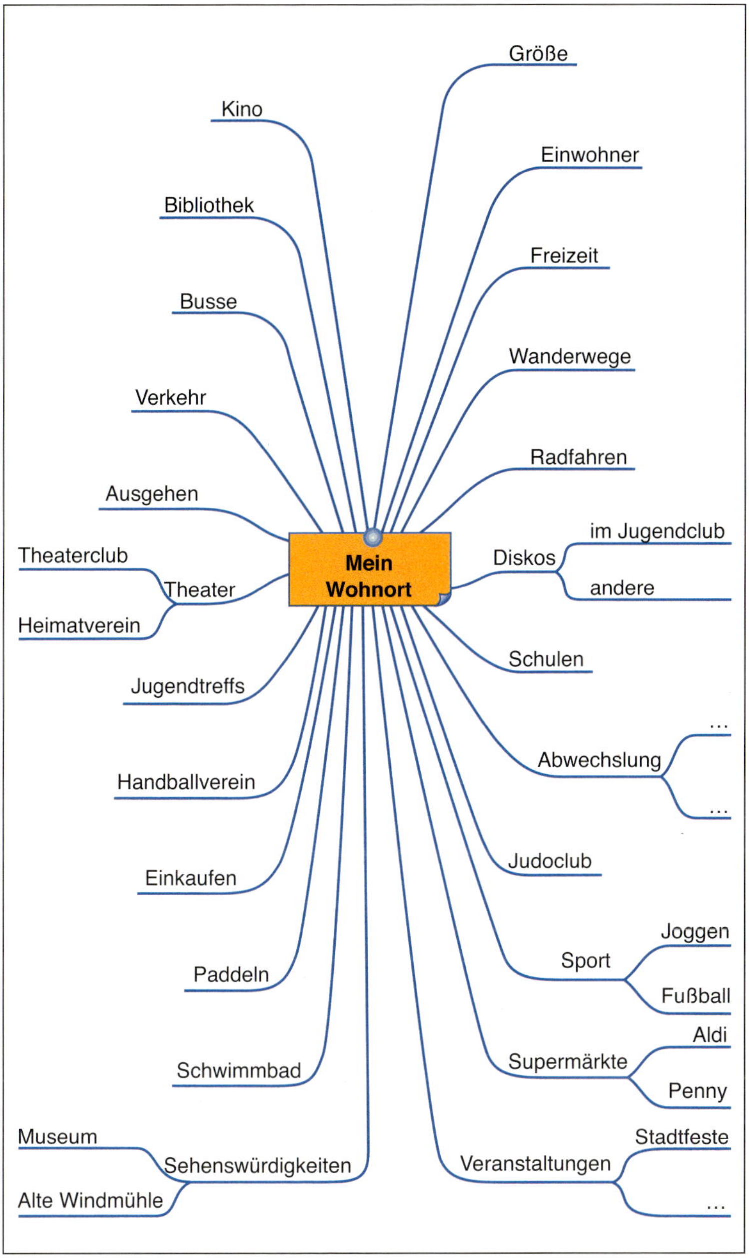

Hinweis!

Ein **Netzdiagramm** dient der Sammlung von möglichst vielen Gedanken (Brainstorming), die in kein bestimmtes System gebracht werden.

In einer **Mindmap** finden sich mehrere Auszweigungen, die dazu dienen, die Gedanken vom Mittelpunkt zum Rand hin logisch zu ordnen. Man führt zunächst die Oberbegriffe, dann die Unterbegriffe auf (→ nächste Seite).

Vom Brainstorming-Ergebnis zur Mindmap

- Im nächsten Schritt werden die Schlüsselwörter (Oberbegriffe) für die Hauptäste der Mindmap formuliert und die übrigen Ideen (Unterbegriffe) zugeordnet. Da der Schülerin noch weitere Einzelheiten eingefallen sind, hat sie diese ebenfalls in die Mindmap eingebaut.

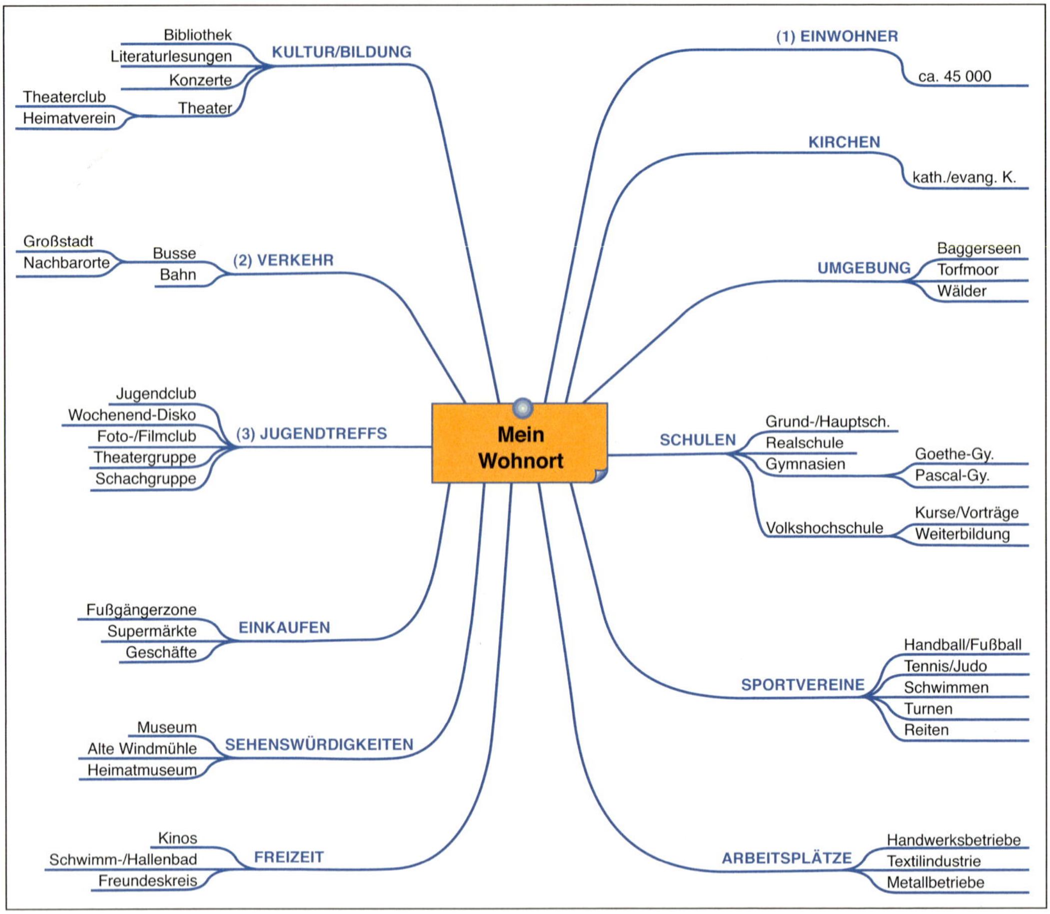

- Für ihren Vortrag über ihren Heimatort überlegt die Schülerin noch, in welcher Reihenfolge sie ihren Freunden berichten will. Dazu hat sie begonnen, die Schlüsselwörter auf den Hauptzweigen zu nummerieren. Drei Eintragungen hat sie bereits vorgenommen. Wie würdest du weitermachen?

Vorteile des Mindmapping

- Mindmaps ähneln Bildern und daran können wir uns weitaus besser erinnern als an Geschriebenes.
- Das Thema einer Mindmap steht in der Mitte des Blattes und die Schlüsselbegriffe schließen sich unmittelbar daran an. Ein kurzer Blick genügt, um zu wissen, worum es geht.
- Der Lernstoff wird auf das Wesentliche verkürzt und entbehrliche Formulierungen (Füllwörter) werden fortgelassen.
- Da die einzelnen Gedanken anschaulich und logisch geordnet werden, kann man sich schnell orientieren, wo was steht, und man erkennt außerdem, ob man zu einem Punkt genügend Material zusammengetragen hat.

- Mindmaps lassen sich schnell erweitern und inhaltlich ergänzen, wenn man neue Gedanken unterbringen möchte.
- Die Erstellung einer Mindmap trainiert und fördert die Aufmerksamkeit sowie das Konzentrationsvermögen.

Mindmaps für die Textarbeit

Mindmaps können auch eingesetzt werden, wenn man Textinhalte anschaulich darstellen und sich einprägen möchte. Bei der Erstellung einer Mindmap zur Textanalyse geht man so vor:

- gründliches Lesen des Textes,
- Markieren der Schlüsselbegriffe (→ S. 59),
- eine Mindmap mit Hauptästen zeichnen,
- zunächst die Schlüsselbegriffe, dann die Unterbegriffe eintragen.

Hinweis!

Wenn man eine Mindmap für die Texterschließung benutzt, geht man analytisch vor. Man verwendet dann Schlüsselbegriffe, die im Text vorkommen. Deshalb entfällt das Brainstorming (→ nächste Seite).

Beispieltext: Der Bänkelsang

Der Bänkelsang ist Teil des Schaustellergewerbes, das schon im späten 15. Jahrhundert entstand und z. T. bis ins 20. Jahrhundert hineinreicht. Auf Jahrmärkten und Kirchweihfesten, vor einem nach Alter und Herkunft sehr bunten Publikum, suchte der Bänkelsänger die Aufmerksamkeit der Leute zu erregen: Von erhöhtem Standort aus (von einer Bank oder einem Bänkel) wies er mit langem Zeigestock auf Bildtafeln, die sogenannten Schilder, die meist mit Ölfarbe auf Leinwand im Format von ca. 2 m auf 3 m gemalt waren und zusammengerollt werden konnten. An einer hohen Stange oder einem Gerüst wurden sie aufgehängt. Auf sie deutend erzählte der Bänkelsänger aufregend-schauerliche Geschichten von Katastrophen, Unglücksfällen, Kriegsereignissen, berühmten Männern, gruseligen Gespenstererscheinungen und Sensationsereignissen, vor allem aber von wilden Räubern, Verbrechertaten, Hinrichtungen, tragischen Liebes- und Familiengeschichten. Oft wirkten bei der Darbietung Frau und Kinder mit, die sangen, ein Instrument spielten oder Texte verkauften. Durch das Zusammenwirken von Text, Bild, Musik im ergreifenden Vortrag wurde die besondere Wirkung des Bänkelliedes erzielt: sensationelle Information, spannende Unterhaltung, tiefe Erschütterung und moralische Belehrung.
Der Bänkelsang entwickelte sich aus der mündlich verbreiteten Zeitung (von *tidung* = Bericht über ein Ereignis) und wurde mehr und mehr zur Darstellung des sensationellen Falles. Im 18. und vor allem im 19. Jahrhundert beeinflusste der Bänkelsang die Balladen vieler Dichter, und umgekehrt wirkten viele Balladen wieder auf den Bänkelsang zurück.
Auch politische Lieder und Chansons sowie Parodien, d. h. verspottende oder verzerrende Nachahmungen, sind z. T. stark vom Bänkelsang beeinflusst. Dichter wie Wilhelm Busch, Ludwig Thoma, Frank Wedekind, Bertolt Brecht, Wolf Biermann und Christa Reinig lehnten sich an Moritaten an oder gestalteten diese um.

Seit dem 19. Jahrhundert wurden das Bänkellied und die dazugehörige Geschichte auch Moritat genannt. Das Wort ist wohl aus „Mordtat“ entstanden, doch ist diese Herkunft nicht ganz sicher. „Moritat“ könnte auch von lat. mors (Tod) oder von lat. mores (Sitten, Moral) abgeleitet sein. Liedtexte, z. T. mit Noten, und die Prosageschichten wurden auf Blättern oder in Heftchen während der Darbietung verkauft oder von Hausierern vertrieben und fanden einen massenhaften Absatz, vergleichbar der heutigen Heftchenliteratur.

Beispiel: Mindmap für die Texterschließung

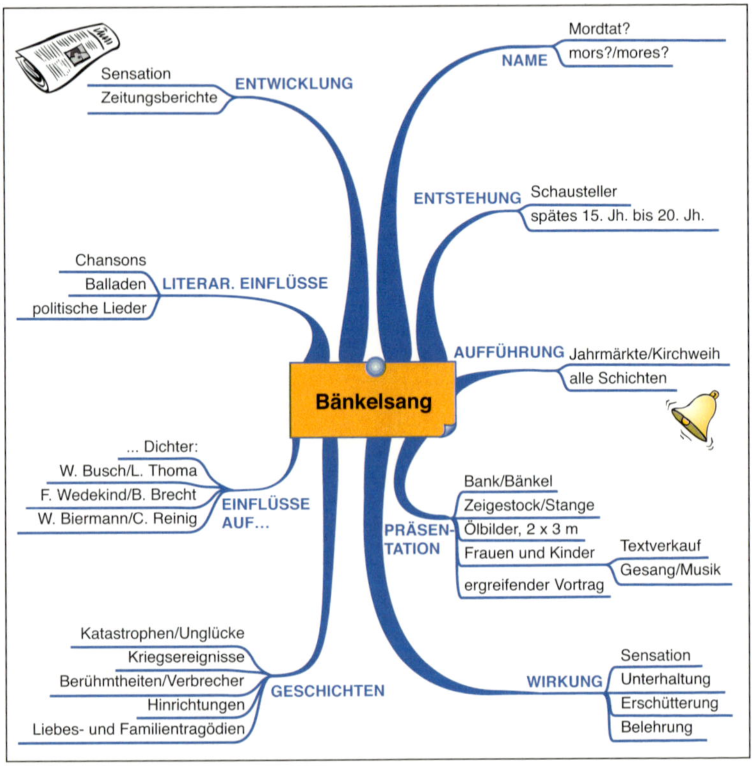

Hinweis!

Es gibt einige interessante Mindmapping-Programme im Internet, die du für deine Arbeit verwenden kannst. Ihre Handhabung ist relativ einfach zu erlernen. Sie eignen sich für verschiedene Zwecke, z. B. für die Textarbeit, für das Brainstorming und zum Notizenmachen. Allerdings sind sie nicht kostenlos. Einige Programme kann man jedoch für drei Wochen ausprobieren, bevor man sich für einen Kauf entscheidet.

Informationen findest du mithilfe von Suchmaschinen (z. B. www.google.de) unter den Stichworten „Mindmapping“ und „Mindmaps“.

Informationen beschaffen und auswerten

Für manche Aufgaben, die in der Schule und auch später gestellt werden, benötigen wir besondere Informationen und spezielles Wissen, das wir uns oft selbst erschließen müssen. So schlagen wir im Lexikon nach, um mehr über den Marathonlauf oder politische Ereignisse des letzten Jahrhunderts zu erfahren, und wir informieren uns im Duden über ein spezielles Rechtschreibproblem. Das gezielte Nachschlagen ist inzwischen zu einer bedeutenden Lerntechnik und wichtigen Voraussetzung für das selbstständige Lernen geworden, aber es muss auch schnell gehen – und eine gute Nachschlagetechnik benötigt man auch. Wer weiß, wo und wie er sich Informationen beschaffen kann, hat einen entscheidenden Lernvorteil und erspart sich außerdem Zeit.

Informationen und spezielles Wissen nachschlagen

Es gibt vielfältige Möglichkeiten, Informationen und Fachwissen nachzuschlagen oder sich zu beschaffen.

Nachschlagewerke/ Informationsträger	Informationen, Auskunft, Wissen über z. B. …
Rechtschreibduden	Schreibweise und Trennung von Wörtern, Wortgebrauch
Schulbücher	unterschiedliche Sachbereiche
Lexika (z. B. Brockhaus, Duden)	verschiedene Wissensgebiete, wichtige Persönlichkeiten und Ereignisse
Schülerduden	verschiedene Wissensgebiete, wie Literatur, Geschichte etc.
Fremdwörterlexikon	Bedeutung und Schreibweise von Fremdwörtern
fremdsprachliche Wörterbücher	Bedeutung bzw. Übersetzung von fremdsprachlichen Wörtern
Grammatik	Sprachgebrauch, Satzbau, Wortformen
Atlas	geografische und politische Übersichten, Landschaften, Städte, Flüsse
Fachwörterbücher/Fachlexika	Bedeutung von Fachbegriffen, Fachgebiete
Musik-/Kunstlexikon	Komponisten, Kompositionen/Künstler, Gemälde, Epochen
Literaturlexikon, Literaturgeschichte	Autoren, literarische Werke, Literaturgeschichte
CDs/DVDs	Bereiche wie zuvor genannt
Internet (dort auch Schülerlexika)	alle möglichen Wissens- und Nachschlagebereiche www.schuelerlexikon.de; www.wasistwas.de
…	

Tipp!
Bevor du intensiv mit einem Fachbuch zu arbeiten beginnst, vergiss nicht, dir das Inhalts- und Schlagwortverzeichnis gründlich anzusehen und Wichtiges anzukreuzen.

Hier findest du Bücher, Zeitschriften etc., die dir weiterhelfen:

- zu Hause oder bei Verwandten und Bekannten,
- in der Schulbibliothek,
- in der städtischen Bibliothek,
- in der Buchhandlung,
- im Internet.

Was du noch tun kannst, um Material zu finden

- Institutionen, Verlage, Umweltschutzorganisationen, The British Council (Britisches Kulturinstitut), das Amerika Haus (Amerikanisches Kulturinstitut) etc. aufsuchen oder anschreiben (die Adressen kannst du leicht über das Internet herausfinden),
- deine Lehrerin oder deinen Lehrer fragen, ob sie /er dir Literatur ausleiht,
- deine Eltern, Buchhändler/Buchhändlerin oder Bibliothekar/Bibliothekarin fragen, wenn du nicht weißt, wo du suchen sollst,
- herausfinden, ob die örtliche Zeitung ein Archiv besitzt, das du nutzen kannst,
- recherchieren, ob es in deinem Wohnort Experten, Fachleute oder Zeitzeugen zu deinem Thema gibt.

Bestandsaufnahme

Welche Nachschlagewerke benutzt du? Trage die Namen in die Tabelle ein und kreuze an, was für dich zutrifft.

Name des Nachschlagewerkes	benutze ich oft	benutze ich wenig	benutze ich nicht
	☐	☐	☐
	☐	☐	☐
	☐	☐	☐
	☐	☐	☐
	☐	☐	☐
	☐	☐	☐
	☐	☐	☐
	☐	☐	☐

Internetrecherche

Im Internet kann man sich Informationen und Wissen aus der ganzen Welt beschaffen. Das Angebot wächst mit rasanter Geschwindigkeit.

Bei der Suche nach Informationen für Referate, Facharbeiten etc. ist das Internet oft eine große Hilfe, weil es eine Fülle an Material bereithält, das in vielen Fällen eine hohe Aktualität besitzt und auf anderem Wege oftmals nur schwer zu beschaffen ist. Sofern du einen eigenen Internetzugang besitzt oder den Rechner in der Schule benutzen kannst, hast du einen schnellen Zugriff auf die unterschiedlichsten Quellen, und das weltweit. Allerdings musst du dir bevor du ins Internet gehst genau überlegen, welche Begriffe du in eine Suchmaschine eingeben willst. Je präziser und enger du sie formulierst, desto größer sind deine Chancen, die gesuchten Informationen aufzuspüren. Am besten stellst du dir vorher eine Liste mit den entsprechenden Suchbegriffen zusammen.

Der große Umfang und die Vielfalt des Informationsmaterials im Internet ist aber auch mit Problemen verbunden:

- Wenn man nicht zielgerichtet sucht und auswählt, verliert man viel Zeit und die Internet- und Ausdruckkosten steigen schnell an;
- die Sichtung und Bearbeitung des Materials ist zeitaufwändig und manchmal auch mühevoll;
- viele Internetseiten sind in Englisch verfasst, so dass man über gute Fremdsprachenkenntnisse verfügen muss;
- die Qualität und Zuverlässigkeit vieler Internetseiten ist sehr schwer einzuschätzen, weil jeder dort veröffentlichen kann;
- Internetadressen können sich schnell ändern oder ganz zurückgezogen werden, so dass sie bereits nach kurzer Zeit nicht mehr auffindbar sind.

Tipp!

Speichere Downloads zunächst auf der Festplatte ab und bearbeite sie dort offline. Das erspart Internet- und Ausdruckkosten.

Hinweise

Beachte, dass es bei der Suche im Internet nach Informationen, Daten usw. oft unmöglich ist, die Zuverlässigkeit der Quellen zu überprüfen. Auch in der inhaltlichen Qualität unterscheiden sich die Webseiten recht deutlich. Suchmaschinen führen lediglich diejenigen Links auf, die den eingetippten Suchbegriff enthalten. Zuverlässig sind im Allgemeinen jedoch die Seiten von Behörden und Institutionen, die weithin bekannt sind und als seriös gelten, sowie die Seiten von Nachrichtenagenturen, Zeitungsverlagen etc.

Internetmaterialien verführen auch leicht dazu, Informationen und Formulierungen zu kopieren und als eigene Gedanken in einen Vortrag oder Text einzuarbeiten. Diese Gefahr ist besonders dann gegeben, wenn man speziell für Schülerinnen und Schüler aufbereitete Internetadressen mit Archiven für Hausaufgaben und Referate aufsucht. Da auch Lehrern diese Webseiten bekannt sind, handelt man sich schnell Ärger ein und setzt sich dem Vorwurf aus, abgeschrieben zu haben. Es spricht jedoch nichts dagegen, sich dort Anregungen zu holen. Wenn man aber etwas wörtlich übernimmt, müssen Entlehnungen als Zitate kenntlich gemacht und die Quelle genannt werden.

Öffentliche Bibliotheken nutzen

- Wenn du wichtige Informationen bei einer Materialsuche zusammenstellen musst, wirst du zu Hause oder in der Schulbibliothek schnell an Grenzen stoßen, weil dir dort im Allgemeinen nur wenige Nachschlagewerke und Fachlexika zur Verfügung stehen. Deshalb ist es ratsam, die Möglichkeiten und Angebote öffentlicher Bibliotheken zu nutzen.
- Wenn du dort noch nicht Mitglied bist, besorge dir eine Benutzungs- und Gebührenordnung und schau dich in der Bibliothek um. Von einer Mitgliedschaft wirst du bestimmt profitieren:

– Bei der Suche nach Informationen und Literatur kannst du die fachkundige Hilfe des Personals in Anspruch nehmen.
– Da fast alle Bibliotheken ihre Katalogbestände computerisiert haben, brauchst du nicht mehr in Katalogen nachzusehen; über Stichworte und Namenseingaben in den Rechner wirst du bei der Literatursuche schnell fündig.
– Manche Bibliotheken bieten die Möglichkeit an, deren Buch- und Zeitschriftenbestand online einzusehen.
– Öffentliche Bibliotheken führen eine Reihe von allgemeinen Zeitschriften und Fachzeitschriften, die dort jederzeit zur Verfügung stehen, da sie nicht ausgeliehen werden können.
– In den Regalen findest du mehrbändige Nachschlagewerke und unterschiedliche Fachliteratur.
– Du darfst Bücher meistens für drei Wochen entleihen und kannst die Ausleihe auch verlängern. Falls ein bestimmtes Buch gerade nicht vorhanden ist, kannst du dich dafür vormerken lassen.
– Bücher, die nicht im Bibliotheksbestand sind, lassen sich über die Fernausleihe bestellen.
– Bevor du ein Buch ausleihst, hast du Gelegenheit, darin zu blättern, um dir einen Überblick zu verschaffen, ob es für dein Thema interessant ist.
– Du darfst die vorhandenen Fotokopierer nutzen und kannst so interessantes Material sofort mit nach Hause nehmen.
– In den meisten Bibliotheken gibt es auch Internetzugänge, die Mitglieder nutzen können.
– Oft gibt es Leseräume, wo du ungestört arbeiten kannst.

Tipp!
Vergiss nicht, dich rechtzeitig um das Material zu kümmern, da manche Bücher gerade dann ausgeliehen sein könnten, wenn du sie benötigst.

Hinweis!
Das Nachschauen in Wörterbüchern oder in Lexika sollte nicht zu viel Zeit in Anspruch nehmen. Eine wesentliche Voraussetzung für eine gute Nachschlagetechnik besteht darin, dass du die Reihenfolge der Buchstaben des Alphabets sicher beherrschst, damit du weißt, in welchem Teil eines Nachschlagewerkes du mit der Stichwortsuche beginnen und in welche Richtung du weiterblättern musst. Dabei kannst du dich an den „Kopfwörtern“, die oben links und rechts auf den Buchseiten stehen, orientieren.

Einen Lexikonartikel verstehen und auswerten

- Man schlägt etwas in einem Lexikon nach, wenn man nach Informationen über bestimmte Wissensgebiete, über Personen oder Ereignisse sucht. Falls man schon etwas über einen bestimmten Bereich weiß und ergänzende Informationen benötigt, wendet man am besten die Lesetechnik des „suchenden Lesens“ an (→ S. 49), besonders dann, wenn es sich um einen längeren Artikel handelt.
- Lege vor Lesebeginn fest, welche Informationen du benötigst. Längere Lexikonartikel sind oft durch Zwischenüberschriften gegliedert. Sofern das nicht der Fall ist, musst du selbst herausfinden, wo die gesuchte Information steht.

Anhand des folgenden Beispiels soll gezeigt werden, wie ein Lexikonartikel aufgebaut ist und wie man ihn für seine Zwecke auswerten kann. Du wirst beim Lesen auf einige Fachausdrücke stoßen, die dir möglicherweise nicht bekannt sind. Schlage sie nach und notiere die neuen Begriffe, die für dein Lerngebiet wichtig sind, auf einer Karteikarte und ordne sie in deine Wissenskartei ein (➜ S. 37).

Lexikonartikel	Auswertung in Stichpunkten
Drama [griechisch, „Handlung"], dichterische Kunstform, bei der äußere und innere Handlung unmittelbar durch Wort und Spiel dargestellt werden; dabei entwickelt sich aus der in der Vergangenheit liegenden Vorfabel (Exposition) und dem Handlungsablauf bis zum Wendepunkt (Peripetie) das in die Zukunft weisende Handlungsergebnis (Finale). Der Struktur nach unterscheidet man Figurendramen („Faust"), Raumdramen („Peer Gynt") und Geschehensdramen („Orestie"). Die Handlung entsteht aus einem genau begründeten Wechselspiel zwischen den Charakteren der Handelnden und den Ereignissen oder Zuständen ihres Erlebens.	Stichwort „Drama" griech. „Handlung" Definition: „dichterische Kunstform" unterschiedl. Strukturen: Figurendramen Raumdramen Geschehensdramen Handlungsentwicklung
Dieses Wechselspiel endet entweder mit dem Sieg des Helden (Schauspiel) oder seiner Niederlage (Trauerspiel, Tragödie). Humorvoll oder satirisch führen die Verwicklungen zu einem heiteren Ende bei der Komödie (Lustspiel). Die Tragikomödie versucht durch Aufzeigen menschlicher, meist liebenswerter Schwächen die Niederlage des Helden als rührende (nicht erschütternde oder unbegreifliche) Tatsache verständlich zu machen.	Sieg d. Helden: Schauspiel Niederlage d. Helden: Trauerspiel, Tragödie Komödie: heiteres Ende Tragikomödie: menschl. liebenswerte Schwächen
Das Drama wurde meisterlich gepflegt bei Chinesen, Japanern und besonders Indern; in Griechenland entwickelte es sich aus Kultspielen zu der bis heute gültigen künstlerischen Form (Tragödie). Im Mittelalter entstand aus gottesdienstlichen Darstellungen die Sonderform des geistlichen Schauspiels, daneben entwickelte sich das volkstümliche weltliche Fastnachtsspiel.	Drama verbreitet in China, Japan, Indien Griechenland: Kultspiele ➜ Tragödie MA: geistl. Schauspiel daneben: weltl. Fastnachtsspiel
Erst der Humanismus griff auf das antike Drama zurück; in Frankreich entstand die tragédie classique, in England das Drama Shakespeares. Der Kampf zwischen französischer und englischer Auffassung beherrschte die Entwicklung des deutschen Dramas lange, bis G. E. Lessing durch unmittelbare Anknüpfung an antike Vorbilder und an Shakespeare den Weg zum klassischen deutschen Drama frei machte.	Humanismus: antikes Drama Frankreich: tragédie classique England: Shakespeare Frankr. u. Engl. beherrschten dt. Drama Lessing: antike Vorbilder u. Shakespeare ➜ klass. dt. Drama
Neue entscheidende Anregungen gaben der Naturalismus, der Symbolismus, der Expressionismus und der Surrealismus. Das moderne Drama wird hauptsächlich geprägt durch das epische Drama (B. Brecht) und das absurde Theater.	neue Anregungen durch Naturalismus, Symbolismus, Expressionismus, Surrealismus modernes Drama: Brecht, absurdes Theater

Aufbau des Artikels: Zunächst wird das Stichwort „Drama“ und seine Herkunft erklärt. Daran schließt sich eine Definition an. Im Folgenden werden dann die unterschiedlichen Dramenformen genannt und die Entwicklung des Dramas in verschiedenen Ländern und in Deutschland bis in die Neuzeit erläutert.

Hinweis!
Mindmap im Uhrzeigersinn lesen!

Informationen ordnen

Die obige Stichpunkte-Auswertung gibt die Gedankenabfolge des Artikels wieder, ist jedoch optisch nicht sehr anschaulich. Wenn du dir den Textinhalt leichter einprägen oder in einem Vortrag übersichtlich darstellen möchtest, kannst du dazu eine Mindmap verwenden (→ S. 69). Mit einer Mindmap erleichterst du dir auch die spätere Wiederholung.

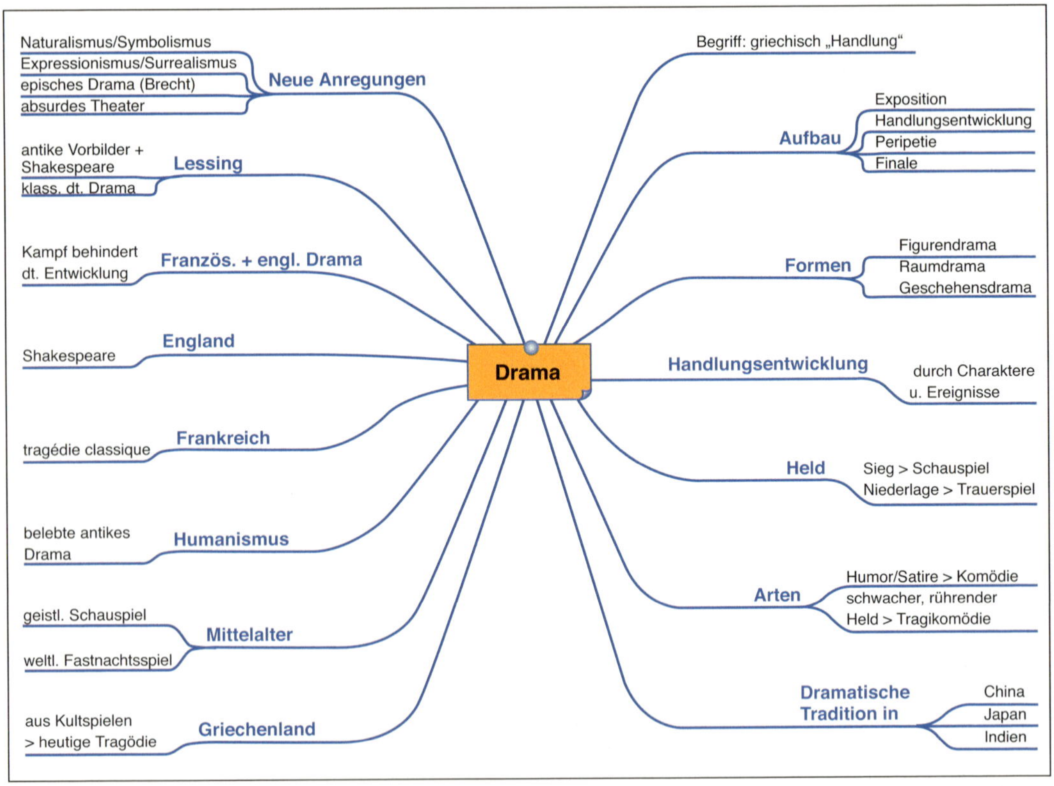

Ideen sammeln mit der Brainstorming-Methode

Mitunter ist es bei bestimmten Aufgabenstellungen schwer, Ideen und Gedanken zu finden, über die man schreiben oder sprechen soll. Die Brainstorming-Methode kann dir über solche Schwierigkeiten hinweghelfen, indem sie dich dabei unterstützt, spontan viele Ideen zu finden. Allerdings wird in deinem Gedächtnis nur das aktiviert, was dort schon an Wissen vorhanden oder noch nicht völlig verblasst ist. Deshalb ist es sinnvoll, wenn du dich mit Klassenkameraden zusammentust, damit die Ausbeute an Ideen und Gedanken größer wird.

Beispiel: Wanderung

Die Klasse plant für den Herbst eine Wanderung im Bayerischen Wald. Der Klassenlehrer fordert alle Jungen und Mädchen auf, dazu mithilfe der Brainstorming-Methode möglichst viele Ideen für ein Unterrichtsgespräch am nächsten Tag zu sammeln.

Brainstorming: Übersicht

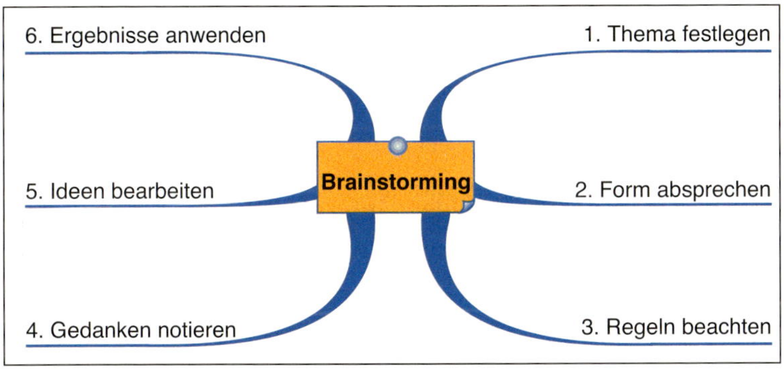

1. Zunächst wird das Thema festgelegt, zu dem Ideen und Gedanken gefunden werden sollen.

2. Dann spricht man gemeinsam die Form des Brainstorming ab, die angewendet werden soll:
   a. Einzel-Brainstorming: Jeder Einzelne notiert alle Ideen, die ihm einfallen.
   b. Gruppen-Brainstorming: Dazu werden Gruppen von ca. 5 Personen gebildet oder es wird mit allen Schülerinnen und Schülern gemeinsam durchgeführt. In beiden Fällen erfolgt das Brainstorming auf Zuruf und ein „Sekretär" notiert die Ideen an der Tafel oder auf einem großen Blatt, das dann später ausgehängt wird.

3. Folgende Regeln müssen beachtet werden:
   a. Die vereinbarte Zeit sollte eingehalten werden (ca. 10 Min.),
   b. alle vorgebrachten Ideen sind gleichwertig,
   c. nichts darf kritisch bewertet oder zurückgewiesen werden.

4. Alle Ideen und Gedanken werden schriftlich festgehalten.

5. Nach dem Brainstorming werden die Ergebnisse gesichtet, bewertet und Nicht-Passendes wird gestrichen. Alle übrigen Notizen werden mithilfe eines Ordnungssystems (→ S. 66, 81, 97) übersichtlich zusammengestellt. Einfälle, die einem selbst bzw. der Gruppe später noch kommen, werden nachgetragen.

6. Die geordneten Ergebnisse bilden im Allgemeinen die Grundlage für eine Hausaufgabe, einen Aufsatz oder einen Vortrag etc.

Ergebnis eines Brainstormings zum Thema Wanderung auf Zuruf

Kosten	Dauer	Freizeit
Bus	Regenschutz	Begleiter
Bahn	Taschengeld	~~Sperrstunde~~
Unterkunft	Schlafsäle	Kino
Waschgelegenheiten	Jugendherberge	Einkaufsmöglichkeiten
Verpflegung	Handy	Elternabend
Kleidung	Sportplatz	~~freie Nachmittage~~
Disko	Rucksack	Ausrüstung
Gruppen	Schlafsäcke	Bushaltestelle
~~Pflaster~~	Ausgang abends	Internetadresse
Getränke	Wanderwege	Wanderschuhe
Schwierigkeit	~~Klettersteige~~	Lunchpakete
Abfahrt	Pausen	Zweibettzimmer
Rückkehr	~~Wetterbericht~~	Besichtigungen
Was ist da los?	~~Schutzhütten~~	

Aus der Zusammenstellung sind sechs Begriffe gestrichen worden. Für die übrigen hat die Klasse Oberbegriffe gesucht und dann die Ergebnisse zugeordnet. Als Ordnungssystem hat sie sich für eine Tabelle entschieden.

Assoziationen nutzen

Assoziationen sind Gedankenverbindungen, die durch Wörter, Bilder, Gerüche etc. ausgelöst werden. Wenn du z. B. ein altes Urlaubsfoto betrachtest, werden dir viele Dinge einfallen, die du fast schon vergessen hattest. Die Methode eignet sich auch für das Brainstorming, wenn einem nichts mehr einfällt. Man kreist ein Wort mit einem Stift ein und bindet alle Begriffe, die einem in den Sinn kommen, durch Striche an den Kreis an, z. B.

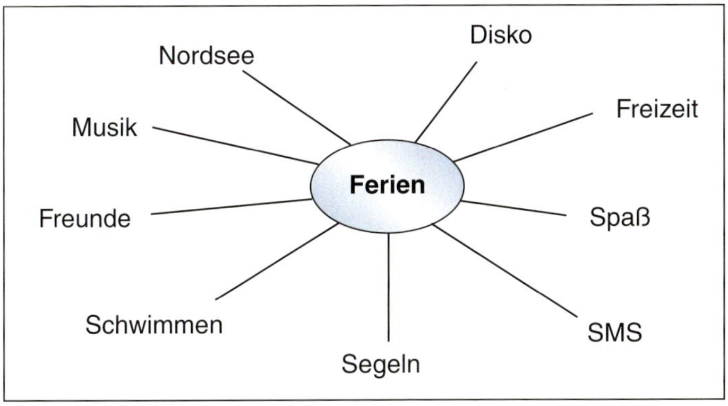

Informationen ordnen

Vorbereitung	Unterkunft	Wanderung	am Ort/Freizeit
Elternabend	Jugendherberge	Gruppen	Was ist da los?
Kosten	Verpflegung	Getränke	Einkaufsmöglichkeiten
Bus/Bahn	Lunchpakete	Schwierigkeit	Kino
Abfahrt/Rückkehr	Zweibettzimmer	Wanderschuhe	Besichtigungen
Dauer	Schlafsäle	Regenschutz	Bushaltestelle
Taschengeld	Internetadresse	Handy	Sportplatz
Begleiter	Waschgelegenheiten	Rucksack	Disko
Kleidung		Wanderwege	Ausgang abends
Ausrüstung		Pausen	
Schlafsäcke			

Hättest du die Ideen in gleicher Weise geordnet oder hast du einen anderen Vorschlag? Welchen?

Einen Vortrag planen und halten

Während deiner Schulzeit und auch später in der beruflichen Ausbildung oder im Studium wirst du bestimmt einige Male vor der Aufgabe stehen, einen Vortrag halten zu müssen. Die Themenwahl muss in den Rahmen eines Fachgebiets passen. Wenn du dich für ein bestimmtes Thema interessierst, sprich es mit deiner Lehrerin oder deinem Lehrer ab. Von einem Vortrag wird erwartet, dass du wichtige Informationen an andere weitervermittelst. Deine Zuhörer möchten erfahren, was du über ein bestimmtes Problem weißt und welche eigenen Gedanken du dazu entwickelt hast. Im Allgemeinen wird ein anschaulicher Vortrag erwartet, der interessante Gesichtspunkte zu einem Thema vermittelt.

So gelingt der Vortrag

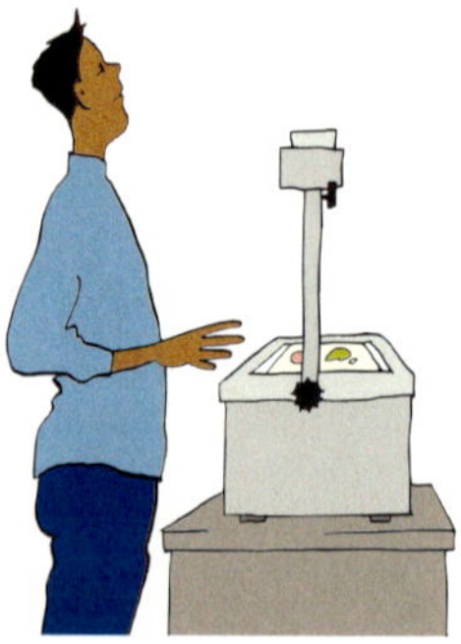

- Durch einen „lockeren Spruch" oder ein interessantes Zitat erleichterst du dir den Einstieg in das Thema und weckst das Interesse deiner Zuhörer.
- Sprich deutlich und laut genug, damit du gut verstanden wirst. Formuliere verständlich und vermeide unübersichtliche Sätze.
- Verwende nicht zu viele Fremd- und Fachwörter, denn das könnte deine Zuhörer irritieren.
- Bringe dein eigenes Interesse am Thema zum Ausdruck; trage deine Informationen abwechslungsreich vor und ergänze sie durch interessante Beispiele.
- Sprich möglichst frei und halte Blickkontakt mit deinen Zuhörern.

Wege zum erfolgreichen Vortrag

Arbeitsschritte	Hinweise und Tipps
1. Thema festlegen, z. B. „Sollten Jugendliche neben der Schule jobben?"	■ Das Thema sollte nicht zu umfangreich sein. Eine Vortragsdauer von ca. 15 Minuten genügt im Allgemeinen. ■ Den Inhalt und Umfang des Vortrags mit der Lehrerin oder dem Lehrer vorher genau abklären.
2. Informationen und Wissen sammeln (→ S. 75)	■ Wenn man sich das Material selbst beschaffen muss, kann man z. B. hier fündig werden: – in der schulischen und der städtischen Bibliothek, – in Schul- und Fachbüchern, – in Lexika und anderen Nachschlagewerken, – im Internet (→ S. 76), – bei Experten.

3. Informationen auswerten (→ S. 75)	■ Wenn genügend Material zusammengetragen worden ist, beginnt die gründliche Auswertung im Hinblick auf das Thema: – Texte evtl. fotokopieren und vergrößern, damit man Platz für Anmerkungen bekommt, – die wichtigsten Informationen unterstreichen bzw. markieren, – die Textränder mit Schlüsselwörtern und Randzeichen versehen, – Literaturangaben und die Fundstellen des Materials sorgfältig auf Karteikarten notieren, damit man sie leicht wiederfindet.
4. Vortrag ausarbeiten	■ Ein Vortrag braucht nicht in allen Einzelheiten schriftlich ausgearbeitet zu werden, da er meistens frei gehalten wird. Als Gedächtnisstützen genügen aussagekräftige Stichworte auf Karteikarten (s. Beispiel) oder Zettel (halbe Postkartengröße). ■ Karteikarten in der Reihenfolge der Informationen, die man vortragen will, ordnen. Sie sollten oben rechts mit Bleistift nummeriert werden, damit sie schnell zu ordnen sind und im Bedarfsfall umnummeriert werden können. ■ Deutliche und große Schrift erleichtert die Lesbarkeit. ■ Wenn Transparentfolien gezeigt, Skizzen gezeichnet oder Unterlagen ausgeteilt werden, sollte man als Erinnerungsauslöser dafür ein Symbol auf der Karte notieren (z. B.: T = Transparentfolie, SK = Skizze, F = Foto).
5. Vortrag einüben	■ Vortrag am besten vor Freunden oder Eltern einüben und anschließend die Rückmeldungen auswerten. Evtl. auch vor einem Spiegel üben und auf Gestik, Mimik und Körperbewegungen achten. ■ Zur stimmlichen und inhaltlichen Selbstkontrolle eignet sich ein Mitschnitt des Vortrags auf einem Kassettenrekorder. ■ Damit der Vortrag nicht zum reinen Ablesen wird, sollten die Stichworte auf den Karteikarten in ein oder zwei Probeläufen wieder in vollständige Sätze umgewandelt werden.
6. Vortrag halten	■ Eingeplante optische Hilfen (z. B. Transparentfolien, Bilder etc.) und technische Geräte vor dem Vortrag bereitstellen und überprüfen. ■ Vortragsgliederung an die Tafel oder auf ein großes Blatt Papier schreiben und den Zuhörern präsentieren. ■ Kompliziertere Sachverhalte rechtzeitig grafisch aufbereiten, z. B. durch Raster, Diagramme etc., weil sie dadurch an Anschaulichkeit gewinnen. ■ Informationen sachlich und ruhig anhand der Stichworte auf den Karteikarten vortragen.
7. Fragen und Rückmeldungen	■ Fragen zum Vortrag sammeln und anschließend in Ruhe beantworten. ■ Rückmeldungen durch die Klasse und die Lehrerin oder den Lehrer aufmerksam zur Kenntnis nehmen und später auswerten.

Aufbau eines Vortrags

Auch ein Vortrag besteht aus den bekannten drei Teilen eines Aufsatzes oder einer Argumentation. Im Folgenden wird gezeigt, wie man einen guten Vortrag oder ein Referat aufbaut.

Einleitung	Einführung in das Thema	← Erläutere kurz, worum es in dem Vortrag geht und welche Bedeutung das Thema besitzt.
Hauptteil	1. Argument bzw. Information Ausführung, Begründung, Beispiele	↓ Trage der Reihe nach vor, welche Informationen du zu deinem Thema zusammengetragen hast und wie du sie bewertest.
	2. Argument bzw. Information Ausführung, Begründung, Beispiele	
	3. Argument bzw. Information Ausführung, Begründung, Beispiele	
	etc.	
	Eigene Stellungnahme	
Schlussteil	Vortrag abschließen Fragen beantworten	← Fasse deine Ausführungen noch einmal in den wichtigsten Punkten zusammen und nimm dann Fragen deiner Zuhörer entgegen.

Beispiel für eine Karteikarte
(Einleitung)

Sollten Schüler ...?

- Schüler → Jobs → Einkommen
- vor Schulbeginn → Zeitungen
- nachmittags → Kurierdienste etc.
- abends → Babysitten u. a.

Skizzierte Vortragsgliederung

„Sollten Jugendliche neben der Schule jobben?"

Einleitung
- Jobben verbreitet
- morgens Zeitungen
- nachmittags Supermarkt, Tankstelle etc.
- abends kellnern

Hauptteil
- Anschaffungen, Aktivitäten, Hobbys, Ferien
- kaum zu Hause
- familiäre Probleme
- Überforderung, Stress, Müdigkeit
- viele Freizeitaktivitäten und Hobbys
- schulische Probleme
- Jobs problematisch
- Jobbing kann zeitlich ausarten
- Kompromiss: reduzieren

Schluss und Diskussion

Gedichte auswendig lernen und gekonnt vortragen

Manchen Schülerinnen und Schülern macht die Beschäftigung mit Gedichten große Freude, weil viele Dichter darin häufig ihre persönlichen Gefühle und Stimmungen sowie ihre Sicht menschlicher Beziehungen und andere Lebenserfahrungen beschreiben, durch die sich die Schüler angesprochen fühlen. Die poetische Verwendung von sprachlichen Bildern, Reimen, Rhythmus sowie von aussagekräftigen Adjektiven, Verben und Nomen sind interessante Beispiele für den kreativen Umgang mit Sprache. Die wortwörtliche Wiedergabe eines Gedichtes ist deshalb der passende Weg, um die besondere Aussage und Bedeutung eines Gedichtes zu verdeutlichen sowie dessen Klang und Rhythmus lebendig werden zu lassen.

Auswendiglernen mit der richtigen Methode

Im Allgemeinen lernt man etwas auswendig, um es einem Publikum vorzutragen. Im täglichen und familiären Leben bieten sich häufig Gelegenheiten an, Gedichte vorzutragen (vgl. auch „Texte vortragen", S. 90). Für das Einprägen lernst du hier einige brauchbare Tipps kennen. Das Auswendiglernen geht häufig leichter, wenn du dir bildhaft vorstellst, was in einem Gedicht beschrieben wird. Bei abstrakten Gedichten ist das natürlich schwieriger, weil sie sich oft mit gedanklichen Dingen beschäftigen. Die folgenden Einprägetechniken beziehen sich daher auf Gedichte, deren Inhalte man sich gut vorstellen kann.

Sechs Schritte zum schnellen Auswendiglernen

1. Lies das folgende Gedicht aufmerksam durch und sprich dabei laut mit.

Rainer Maria Rilke, Der Panther

(Im Jardin des Plantes, Paris)

Sein Blick ist vom Vorübergehn der Stäbe
So müd geworden, dass er nichts mehr hält.
Ihm ists, als ob es tausend Stäbe gäbe
Und hinter tausend Stäben keine Welt.

Der weiche Gang geschmeidig starker Schritte,
Der sich im allerkleinsten Kreise dreht,
Ist wie ein Tanz von Kraft um eine Mitte,
In der betäubt ein großer Wille steht.

Nur manchmal schiebt der Vorhang der Pupille
Sich lautlos auf. – Dann geht ein Bild hinein,
Geht durch der Glieder angespannte Stille –
Und hört im Herzen auf zu sein.

2. Schau dir die einzelnen Strophen noch einmal gut an und überprüfe, ob du alle Wörter und Ausdrücke richtig verstanden hast. Ansonsten sieh in einem Wörterbuch nach.

3. Lies den Text nun ein drittes Mal und lasse vor deinem geistigen Auge ablaufen, was der Dichter beschrieben hat. Sprich wiederum laut mit. Wenn du versuchst, dabei Körpersprache wie Gestik und Mimik einzusetzen, erleichterst du dir das Einprägen.

4. Notiere nun den Inhalt in einigen Sätzen in dein Heft, z. B.: „Das Gedicht beschreibt einen Panther, der in einen Käfig eingesperrt ist. Er schreitet ständig an den Gitterstäben auf und ab. Seine Verbindung zur Außenwelt besteht nur aus „leeren“ Blicken, weil er spürt, dass er seine Freiheit verloren hat.“

Tipp!

Gelerntes muss von Zeit zu Zeit wiederholt werden. Deshalb lege das Gedicht in deinem Zimmer bereit, damit du es dir in den nächsten Tagen noch einmal ansehen kannst.

5. Markiere jetzt die wichtigen Schlüsselwörter des Gedichtes. Du kannst sie auch herausschreiben. Hier ist ein Beispiel:

   1. Strophe:
   Blick – Vorübergehn – Stäbe
   müd geworden – nichts hält
   tausend Stäbe – gäbe
   tausend Stäbe – keine Welt

   2. Strophe
   weiche Gang – starker Schritte
   im allerkleinsten Kreise dreht
   Tanz – Kraft – Mitte
   betäubt – großer Wille

   3. Strophe
   manchmal – Vorhang – Pupille
   lautlos – Bild
   Glieder – Stille
   hört – Herzen – sein

6. Präge dir nun den genauen Wortlaut des Gedichts mithilfe der Schlüsselwörter ein. Wandere dabei mit den Augen zwischen den Wörtern und den Versen hin und her und sprich dir den Text laut vor. Nutze auch den Rhythmus als Lernhilfe und gehe beim Einprägen auf und ab. Wiederhole diesen Lernvorgang evtl. ein weiteres Mal.

Tipp 1

Hier noch eine andere Einprägemethode, die Abdecktechnik: Du benötigst dazu einen Papierstreifen von ca. 3 cm Breite, mit dem du abwechselnd Teile des Gedichts abdeckst. Lies es nach jedem Abdecken laut vor und versuche dabei, den jeweils nicht sichtbaren Text aus der Erinnerung zu ergänzen.

Sein Blick ist vom Vorübergehn de
So müd geworden, dass er nichts m
Ihm ists, als ob es tausend Stäbe gä
Und hinter tausend Stäben keine W

Zunächst wird der Schluss abgedeckt.

Sein Blick ist vo gehn der Stäbe
So müd geworde nichts mehr hält.
Ihm ists, als ob es Stäbe gäbe
Und hinter tause keine Welt.

Dann wird der mittlere Teil abgedeckt.

ist vom Vorübergehn der Stäbe
eworden, dass er nichts mehr hält.
als ob es tausend Stäbe gäbe
er tausend Stäben keine Welt.

Zuletzt wird der Anfang abgedeckt.

Tipp 2

Du kannst das Gedicht auch auf einen Kassettenrekorder sprechen. Sprich beim Abspielen entweder mit oder drücke nach einigen Sekunden die Stopptaste und vervollständige den nachfolgenden Text aus dem Gedächtnis. Nach dem Loslassen der Taste kannst du überprüfen, ob du die Verse richtig ergänzt hast.

So kannst du üben

Suche dir selbst ein Gedicht von einem Dichter oder einer Dichterin aus, den oder die du magst, und wende eine der vorgestellten Einprägemethoden an.

Zusatzaufgabe zum Nachschlagen

Finde heraus, wer Rainer Maria Rilke war und wann und wo er gelebt hat. Schreibe das Ergebnis auf eine Wissenskarte (→ S. 37) und ordne sie in deine Lernkartei ein.

Texte vortragen

Gutes Vorlesen von Texten ist eine Fähigkeit, die sich schnell erlernen lässt. Schon nach kurzer Übungszeit gewinnt man die entsprechende Routine, so dass man das oft enge, am Text klebende Vorlesen bald zu ansprechenden Lesevorträgen ausbauen kann. Bei einem Lesevortrag trägt man auch einige ausgewählte Textteile frei vor und schaut dabei sein Publikum an. Lebendiges Vortragen von Erzählungen, Märchen, aber auch von Gedichten etc. findet im Allgemeinen großen Anklang, nicht nur bei Vorlesewettbewerben, sondern auch bei vielen anderen Gelegenheiten im privaten Bereich.

Welche Vorteile ein Lesevortrag mit sich bringt

- Das Vortragen von Texten trägt dazu bei, Sprechhemmungen und Befangenheit abzubauen und sicher vor einem Publikum sprechen zu lernen.
- Es ist eine gute Übung, seine Aussprache durch deutliches Sprechen und Lesen zu schulen und auch seine rhetorischen Fähigkeiten auszubauen. Man erlebt auch, wie sich die eigene Stimme als Instrument einsetzen lässt.
- Lesevorträge fördern das Sprachgefühl und die Sprachkompetenz durch die Begegnung mit den literarischen Werken verschiedener Schriftsteller und Dichter. Um einen Lesevortrag angemessen zu gestalten, muss man sich intensiver als sonst mit dem Textinhalt und der Textaussage auseinandersetzen. Dadurch gewinnt man einen intensiveren Bezug zur Literatur.

Fehler, die man vermeiden sollte:

- schnelles und undeutliches Lesen
- Endsilben verschlucken
- falsche Wortbetonungen
- eintöniges Lesen
- Pausen vernachlässigen
- leises Sprechen
- häufige Versprecher

Tipp!

Beginne deine Vorlesevorträge mit kleineren, übersichtlichen Texten. Die Lesedauer sollte anfangs ca. 15 Minuten nicht überschreiten.

Einen Lesevortrag vorbereiten und einüben

- Wenn du zweimal pro Woche für etwa zehn Minuten deine Stimme und Aussprache trainierst, wirst du sehr schnell deutliche Verbesserungen feststellen. Suche dir einen passenden Text aus und lies ihn dir an verschiedenen Tagen laut vor, um herauszufinden, ob er dir zusagt.

- Fertige eine Kopie an oder scanne den Text in den Computer ein. Letzteres hat den Vorteil, dass er sich dann bequem bearbeiten lässt. Wenn du z. B. einen doppelten Zeilenabstand einfügst, lassen sich Betonungs- und Pausenzeichen leichter anbringen.
- Damit dein Lesevortrag auch Anklang findet, bedarf er der gründlichen Vorbereitung. Bitte während des Einübens Freunde oder deine Eltern, dir kritisch zuzuhören, oder benutze einen Kassettenrekorder zur sprachlichen und stimmlichen Kontrolle. Notiere dir, was du verbessern könntest.
- Übe auch vor einem Spiegel, damit du dir ein Bild von deiner Gestik und Mimik sowie von deinen Körperbewegungen machen kannst.

Hierauf solltest du besonders achten

Betonung
Betone nur die wichtigen und sinntragenden Wörter; falsche Betonungen wirken unnatürlich und machen einen Text schwer verständlich. Senke deine Stimme nach Sinneinheiten und vor dem Satzende (Punkt), vor anderen Satzzeichen halte sie in einer Mittellage.

Sprechtempo
Variiere dein Sprechtempo. Es sollte zum Inhalt des Textes passen; trage spannende Episoden lebhafter vor als weniger handlungsintensive Ereignisse. Vermeide monotones Herunterrasseln, es schläfert deine Zuhörer ein.

Pausen
Vergiss nicht, Sprechpausen einzulegen, damit du nicht außer Atem gerätst und hektisch wirkst. Auch deine Zuhörer brauchen Zeit, um deinen Lesevortrag aufzunehmen.

Stimmlage
Sie hängt von der Art und dem Inhalt des Textes ab: Es gibt ernste, lustige, ironische, spöttische, fantastische und andere Texte. Prüfe genau, welche Stimmlage angebracht ist.

Hinweis!
Klebe nicht an deinem Text fest, sondern hebe den Blick von Zeit zu Zeit und trage einige Passagen frei vor. Auf diese Weise hältst du regelmäßigen Blickkontakt mit deinem Publikum und erkennst dessen Reaktionen besser.

Einen Vortragstext mit Lesehilfen versehen

Übe den folgenden Textausschnitt als Lesevortrag ein. Versieh ihn zuvor mit Lesehilfen (➜ Kasten).

Lesehilfen

kurze Pause	=	#
längere Pause	=	##
betonte Wörter	=	^^
schneller sprechen	=	>>
langsamer sprechen	=	<<
Stimme heben	=	⇑
Stimme senken	=	⇓

Brot fällt vom Himmel und erschlägt beinahe Hungernden

Es sollte ein friedlicher Urlaub auf Mallorca werden, doch es wurde

^^ ^^ #

fast eine Reise in den Tod. Holger F. war mit seinem Freund Wolfgang

⇑ ^^^ ^^^⇓ ^^

T. auf einer Wanderung – als plötzlich etwas vom Himmel fiel.

^^^ # >> >> ⇓ ##

Sie machten es für ihre Gesundheit. In diesem Jahr fasteten die beiden Freunde Holger und Wolfgang vor Ostern auf Mallorca. In dem malerischen Künstlerdorf Deia hatten sie eine bescheidene Bleibe gefunden. Die Düfte der zahlreichen Restaurants konnten sie nicht verführen. Sie tranken nur Wasser und suchten die Einsamkeit der Berge.

Auf einer ihrer Wanderungen geschah, was sie ihr Leben lang nicht vergessen werden. Es war ein stürmischer Tag. Die Einheimischen hatten sie gewarnt, der Bergpfad zur Hafenstadt Soller sei seit Tagen wegen eingestürzter Mauern nicht mehr begehbar. Trotzdem machten sich Holger F. und sein Freund Wolfgang T. auf den Weg.

Holger F. erinnert sich: „Wir hatten das richtige Schuhwerk und kamen gut voran. Gegen Mittag klarte der Himmel auf. Es war ein romantischer Weg mit atemberaubenden Blicken auf das Meer. Wir sind an einer besonders schönen Stelle stehen geblieben. Wolfgang wollte ein Foto machen. Plötzlich hörte ich dieses Geräusch."

Was Holger F. nicht mehr berichten kann, hat sein Freund Wolfgang beobachtet: „Es kam so ein Rauschen von oben. Ich blickte zum Himmel, und da kam es. Mit ungeheurer Geschwindigkeit. Es traf Holger mit voller Wucht. Er brach auf der Stelle zusammen. Ich lief zu ihm. Ich wollte es nicht glauben: Ein Brot hatte ihn getroffen. Ein Weißbrot – aus heiterem Himmel. Aber ich habe es fotografiert." […]

(Den Rest des Textes findest du im Anhang dieses Buches, S. 102.)

Leitlinien für einen guten Lesevortrag im Überblick

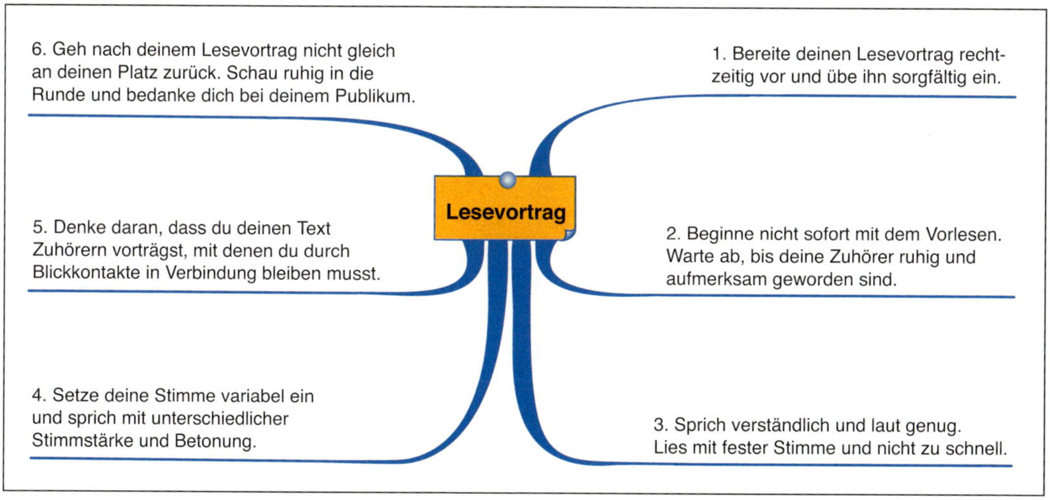

Fakten und Daten einprägen

Oft ist es schwierig, sich Fakten, Formeln, Namen etc. zu merken, besonders dann, wenn sie nicht in gut erinnerliche Kontexte eingebunden sind. Stures Einpauken wäre in diesen Fällen jedoch eine schlechte Einprägemethode. Deshalb solltest du nach Möglichkeiten suchen, den Lernstoff so zu veranschaulichen, dass er sich für längere Zeit einprägt. Hierbei können dir Merksprüche (sog. Eselsbrücken), Reime, Skizzen usw. gute Dienste leisten.

Merksprüche oder Eselsbrücken

Tipp!
Je lustiger und origineller ein Merkspruch oder ein Reim formuliert ist, desto besser prägt er sich ein.

Merksprüche helfen, sich Sachverhalte leicht einzuprägen, besonders wenn sie knapp und bündig sind, wie z. B.:

- In Briefen schreibt man heute – nur nicht weinen – klein jetzt du, dir, euch und deinen (neue deutsche Rechtschreibung).
- Did und Grundform ist die Norm – nach „did“ steht nie die Past Tense Form (Englischunterricht).
- Land, Insel, Stadt und Baum auf „us“ als weiblich man sich merken muss (Lateinunterricht).
- Auf der Oder schwimmt kein Graf (Französisch); zur Unterscheidung von „ou“ (oder) von „où“ (wo).
- Ein Anfänger der Gitarre hat Eifer (Musikunterricht); erinnert an die Noten der Gitarrensaiten „E – A – D – G – H – E“.
- Mein Vater erklärt mir jeden Sonntag unsere neun Planeten (Geografie); zur Einprägung der Planeten Merkur, Venus, Erde, Mars, Jupiter, Saturn, Uranus, Neptun, Pluto.

Ein Schüler hat zu den Planeten den folgenden eigenen Merksatz gebildet:
„Mit viel Energie merkt Johannes sich unsere neun Planeten.“

Wenn du selbst einen eigenen sinnvollen Merkspruch verfasst, wirst du ihn dir im Allgemeinen viel besser einprägen können als einen fremden.

Suche zur Reihenfolge der Nordfriesischen Inseln einen Merksatz (für „J“ kannst du auch ein Wort verwenden, das mit „I“ beginnt). Bevor du dir eine Formulierung suchst, präge dir die geografische Lage der Inseln und ihre Reihenfolge mithilfe deines Atlasses ein. Es steht dir frei, ob du mit Wangerooge oder Borkum beginnen möchtest.

Reime helfen behalten

Auch Reime sind gute Einprägehilfen, die man sich besonders leicht merken kann; z. B. kann man sich die Reihenfolge der Notenlinien „E G

H D F" und der Zwischenräume „F A C E" (von unten nach oben) mit diesem Reim merken:

Es **G**eht **H**urtig **D**urch **F**leiß,
Fritzchen **A**ß **C**itronen-**E**is.

Im Geschichtsunterricht muss man gelegentlich wichtige Jahreszahlen und historische Ereignisse lernen. Um sie behaltbar zu machen, werden auch diese oft in Reimform gebracht, z. B.:

- 333 bei Issos Keilerei
- 753 Rom kroch aus dem Ei

Viele Erwachsene kennen diese und ähnliche Reime aus ihrer Schulzeit. Allerdings können sie sich oft nicht mehr erinnern, was sich inhaltlich mit den Jahreszahlen verbindet, weil ihnen der genaue Kontext verloren gegangen ist.
Wenn du solche Reime in deinem Unterricht lernst, ist es daher zweckmäßig, eine Wissenskarte (→ S. 37) mit zusätzlichen Informationen für deine Lernkartei anzulegen, damit du sie für Wiederholungen nutzen kannst. Die Wissenskarte für „333 bei Issos Keilerei" sollte z. B. Antworten auf die folgenden Fragen enthalten:

- Wo liegt Issos?
- Was war das für eine „Keilerei"?
- Wer war daran beteiligt?
- Wann war das, vor oder nach Christus?

Mithilfe deines Geschichtsbuchs oder eines Lexikons könntest du dann dies notieren:
„Issos ist eine alte türkische Seestadt nördlich der Insel Zypern. Sie wurde bekannt durch den Sieg Alexanders des Großen über den Perserkönig Dareios III. im Jahre 333 v. Chr."

Wende dieses Verfahren auf die folgenden Beispiele an und schreibe dazu Wissenskarten (→ S. 37). Fertige für das Flüsse-Beispiel auch eine Skizze an.

- 753 Rom kroch aus dem Ei
- Wo Werra sich und Fulda küssen,
  sie ihren Namen lassen müssen,
  dort entsteht durch diesen Kuss
  der wunderschöne Weserfluss.

Kennst du ähnliche Reime? Welche? Wenn du nicht genau weißt, was die Reime inhaltlich bedeuten, schlage in einem Lexikon oder in einem Fachbuch nach. Wissenskarten erleichtern dir die spätere Wiederholung.

Formeln auswendig lernen

Es ist oft schwierig, sich mathematische, physikalische und chemische Formeln einzuprägen, vor allem dann, wenn sie im Unterricht nicht hinreichend veranschaulicht wurden. Wann immer es möglich ist, solltest du daher versuchen, Formeln durch Skizzen bildhaft darzustellen.

Schau dir einmal die folgende (komplizierte) Definition des Hebelgesetzes an:

„Ein Hebel ist ein um eine Achse drehbarer, meist starrer, stabförmiger Körper, an dem ein Gleichgewicht herrscht, wenn die Summe der Momente aller an ihm angreifenden Kräfte null ist. Das Moment ist immer dann ungleich null, wenn Kräfte so auf einen Körper wirken, dass eine Drehbewegung beschleunigt oder verzögert wird. Im ebenen Fall (alle Kräfte wirken in einer Ebene) sind alle Momentenvektoren rechtwinklig zur Ebene orientiert. Man unterscheidet in diesem Fall links- und rechtsdrehende Momente."

Die Erläuterung ist sehr abstrakt formuliert und sehr unanschaulich. Deshalb ist sie nur schwer zu behalten. Ihr Inhalt lässt sich aber mit der folgenden Formel und einer entsprechenden Skizze gut einprägen:

Lastarm x Last = Kraftarm x Kraft

Wenn du dir eine Wippe auf einem Kinderspielplatz vorstellst, die sich im Gleichgewicht befindet, hast du die Formel schon verstanden.
Und wenn du dich auch noch erinnerst, wie du als Kind auf einem Ende der Wippe gesessen hast und deine Mutter auf dem anderen, kannst du nun auch erklären, warum du mit deinem geringeren Gewicht deine schwerere Mutter nicht nach oben bewegen konntest, und dafür selbst eine Formel formulieren:

Lastarm x Last	≠	**Kraftarm x Kraft**
⇑ das bist du mit deinem geringen Gewicht		⇑ das ist deine Mutter mit ihrem größeren Gewicht

Viele Formeln lassen sich leider nicht bildhaft veranschaulichen. Wo dies aber möglich ist, solltest du es versuchen. Es gibt auch andere Einprägemethoden, die dir weiterhelfen können. Frage deine Lehrerin oder deinen Lehrer danach, wenn du Behaltensprobleme bei Formeln hast.

Fakten auswendig lernen

Tipp!
Die Namen der EU-Staaten und weitere Informationen erhältst du über Suchmaschinen im Internet, z. B. unter dem Stichwort „EU-Mitgliedstaaten".

Eine Reihe von Fakten müssen immer wieder als Lernstoff auswendig gelernt werden. Dazu gehören u.a. Ländernamen, Hauptstädte, Fachbegriffe usw. Damit du das Gelernte nicht zu schnell wieder vergisst, solltest du ein gehirngerechtes Einprägeverfahren wählen. Wenn du dir für den Politikunterricht z. B. die 27 Staaten der Europäischen Union mit ihren Hauptstädten einprägen musst, könntest du dir dafür ein übersichtliches Netzdiagramm anfertigen (➜ nächste Seite). Schon bei der Auswahl der einzelnen Staaten und ihrer Hauptstädte sowie bei der Erstellung des Diagramms beginnt der Einprägeprozess. Zeichne das Diagramm am besten auf ein Lernposter und hänge es in deinem Arbeitszimmer auf, damit es für längere Zeit verfügbar ist.

Netzdiagramm

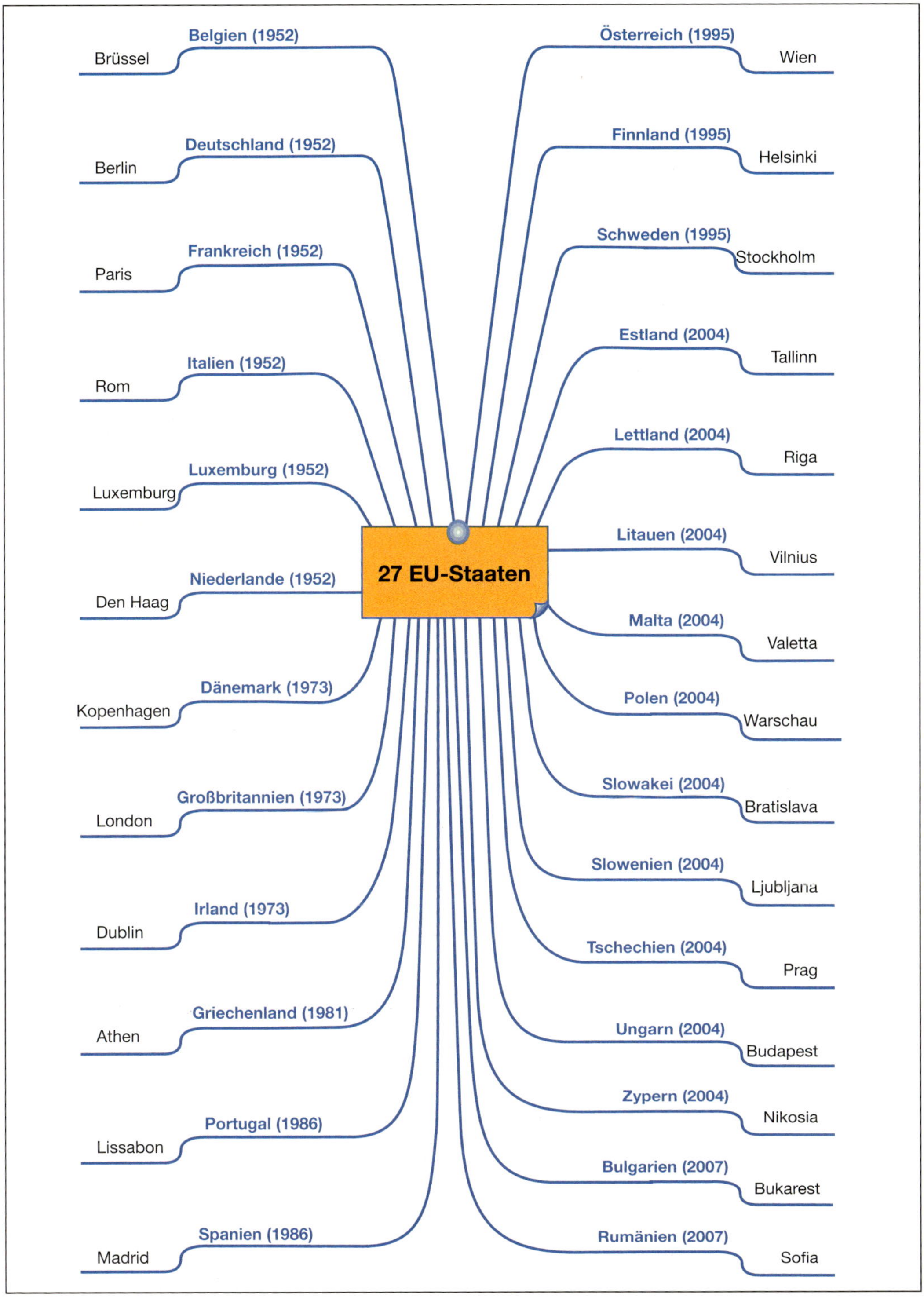

Um noch mehr Informationen über einzelne Mitgliedstaaten zu erlernen, kannst du den Ländern nach und nach Miniposter (→ S. 43) oder Wissenskarten (→ S. 37) zuordnen und auf dein Lernposter pinnen.

Beispiel:

Lettland

Fläche: 64.589 km^2
Einwohner: ca. 2,7 Mio.
Hauptstadt: Riga
Sprache: lettisch

Staat im Nordosten Europas, grenzt an die Ostsee, an Estland, an Russland, an Weißrussland und Litauen

1940 von der Sowjetunion einverleibt

seit 1990 wieder souveräne Republik

Hinweis!

Die Netzdiagramm-Technik ist eine übersichtliche und wirksame Lernmethode, die du auch für das Brainstorming (→ S. 81) anwenden kannst und auch immer dann, wenn du dir umfangreicheren Unterrichtsstoff erarbeiten und einprägen musst.

Fundgrube Lerntipps

In diesem Kapitel findest du eine Reihe ausgewählter Lerntipps, die dazu beitragen können, deine Lernleistungen zu verbessern. Einige sind dir in ähnlicher Form schon in den verschiedenen Kapiteln dieses Buches begegnet, wo sie auf bestimmte Aufgabenstellungen bezogen wurden. Alle Tipps haben etwas mit der Art und Weise zu tun, wie unser Gehirn Informationen verarbeitet (→ S. 22). Wenn du dich auf einen Lerntipp festlegst, erprobe ihn eine Zeit lang, bis du sicher bist, dass du ihn richtig anwenden kannst und Erfolg damit hast. Dann suche dir einen anderen aus und verfahre in gleicher Weise. Auf bereits erprobte Tipps solltest du aber weiterhin zurückgreifen, damit du sie nicht wieder vergisst.

Lerntipps

← **Wiederholung**

- Zum dauerhaften Behalten des Lernmaterials musst du regelmäßige Wiederholungsphasen planen. Durch Wiederholungen, die über eine größere Zeitspanne verteilt werden, kannst du dir Unterrichtsstoff leichter und besser einprägen als bei gehäuftem Lernen.
- Wenn du neuen Unterrichtsstoff in den ersten Tagen häufiger wiederholst, braucht er in der Folgezeit immer seltener wieder eingeübt zu werden.

← **Lernkartei**

- Der Vorteil der Lernkartei liegt darin, dass sie Wiederholungen einplant, wenn du etwas vergessen hast. Sobald du aber eine richtige Antwort gibst, vermittelt sie dir ein sofortiges Erfolgserlebnis. Das stärkt die Lernmotivation. Nutze diese Vorteile.

← **Ähnlichkeitshemmung**

- Vermeide es, ähnliche Lernstoffe direkt hintereinander zu lernen, weil sie sich gegenseitig hemmen und das Einprägen stören können.

← **viele Lernwege nutzen**

- Präge dir neuen Lernstoff über viele Sinne ein. Je mehr Lernwege du benutzt, umso besser behältst du ihn und umso leichter lässt er sich wieder aus dem Gedächtnis abrufen. Halblautes Mitsprechen unterstützt das Behalten.

← **veranschaulichen**

- Visuelle Vorstellungen sind besser erinnerbar als Schriftbilder. Deshalb versuche immer dort, wo es möglich ist, Lernstoff optisch zu veranschaulichen.

← **Konzentration**

- Stelle zu Beginn deiner Lernphasen einen Wecker auf 15 Minuten und beende angefangene Aufgaben nicht eher, als bis er abgelaufen ist.

← **Belohnung**

- Wer sich selbst nach erfolgreicher Arbeit lobt, stärkt seine Motivation und sein Selbstvertrauen und fördert seinen persönlichen Erfolg.
- Auch die Pause ist eine Belohnung eines zuvor erfolgreich beendeten Lernvorgangs. Übrigens setzt sich das Gelernte während dieser Unterbrechung schon teilweise im Gedächtnis ab.

Gedächtnis und Behalten →

- Unser Kurzzeitgedächtnis behält dann besonders gut, wenn wir Lernstoff beim Lesen und Einprägen mehrmals halblaut vor uns hin sprechen.
- Je häufiger eine Information im Kurzzeitspeicher wiederholt wird, desto schneller geht sie ins Langzeitgedächtnis über und ist dann dort bei Abruf schneller verfügbar.

Lernen und Bewegung →

- Wenn du beim Lernen umhergehst, wird das Gehirn aktiviert und du behältst besser. Probiere es bei den Aufgaben aus, bei denen du deinen Arbeitsplatz verlassen kannst, z. B. beim Lernen mit Lernplakaten und Minipostern, beim Einprägen von Vokabeln oder beim Lernen eines Gedichtes.

Konzentrationsübung →

- Schaue auf eine Uhr mit Sekundenzeiger. Verfolge den Zeiger, beginnend mit der Zwölf. Sage jedes Mal, wenn er auf eine Zahl vorrückt, die durch Fünf teilbar ist, laut: 5 – 10 – 15 – 20 – usw. Dauer der Übung: zwei Minuten. Wenn du nicht damit zurechtgekommen bist, fange noch einmal von vorn an.

alle Sinne nutzen →

- Benutze beim Lernen möglichst viele Sinne. Dadurch prägt sich der Unterrichtsstoff besser ein und kann auch leichter wieder abgerufen werden.

Lernstoff portionieren →

- Teile deinen Lernstoff in kleine Portionen auf. Dadurch behältst du die Übersicht und Erfolge werden schneller sichtbar. Das motiviert!

Klassenarbeiten →

- Lies wichtigen Klassenarbeitsstoff vor dem Schlafengehen noch einmal kurz durch. Das Gehirn bearbeitet ihn in bestimmten Schlafphasen und verankert ihn im Langzeitgedächtnis.
- Wenn du bei der Rückgabe von Klassenarbeiten Lücken feststellst, beseitige sie rasch durch gezielte Wiederholungen.

Lernumgebung und Arbeitsplatz →

- Schaffe dir eine angenehme Lernumgebung, in der du dich wohlfühlst. Das gilt besonders für einen geräumigen, gut beleuchteten und übersichtlichen Arbeitsplatz.
- Achte darauf, dass sich alle notwendigen Arbeitsmittel in Griffnähe befinden. Suchen stört die Konzentration und den Arbeitsfluss und macht unruhig.
- Ablenkende Dinge solltest du von deinem Schreibtisch entfernen (Handy). Schalte auch störende Lärmquellen wie das Radio und den Fernseher in deinem Arbeitszimmer aus.

Flüssigkeitsaufnahme und Sauerstoffzufuhr →

- Sorge für ausreichende Getränkezufuhr: Früchtetee, Apfelschorle und Mineralwasser, keine süßen oder aufputschenden Getränke. Flüssigkeitsmangel bei geistiger Tätigkeit wirkt sich negativ auf die Gehirnfunktionen aus.
- Lüfte dein Arbeitszimmer häufiger durch, denn dein Gehirn benötigt für geistige Arbeiten reichlich Sauerstoff. Durch frische Luft erhöhst du deine Leistungsfähigkeit und wirkst auch der Ermüdung entgegen.

mitschreiben und Notizen machen →

- Die Gestaltung deiner Aufzeichnungen hat einen großen Einfluss auf deinen Lernerfolg. Deshalb solltest du darauf achten, deine Mitschriften und Notizen übersichtlich zu gestalten und die Blätter einseitig und deutlich zu beschriften. Lass auch genügend Platz für spätere Ergänzungen. Wenn du wichtige Begriffe farbig markierst, erleichterst du dir das spätere Wiederholen.

← Termine festhalten

- Hänge einen Halbjahresplaner in deinem Zimmer auf. Du bekommst ihn häufig kostenlos bei Sparkassen, Banken, Krankenkassen u. ä. Institutionen. Trage darin deine privaten und schulischen Termine ein (Ferien nicht vergessen!). Besonders wichtige Termine kannst du durch einen selbst gebastelten, farbigen Pfeil kennzeichnen. So übersiehst du nichts mehr.

← Zeitreserven einplanen

- Wenn du einen Zeitplan für deine Hausaufgaben oder für Wiederholungen erstellst, plane Zeitreserven ein, damit du nicht unter Stress kommst, falls du mit einigen Aufgaben in Verzug gerätst.

← Laufdiktat

- Wenn du dir die Rechtschreibung deutscher oder fremdsprachlicher Texte oder schwierigen Wortschatz im Kontext einprägen musst, kannst du die Laufmethode anwenden. Sie ist sehr wirkungsvoll, weil deine volle Aufmerksamkeit und deine Behaltensfähigkeit gefordert wird.
  Platziere den zu lernenden Text etwa zwei Meter von deinem Schreibtisch entfernt. Gehe dort hin, präge dir einen Satz gut ein und sprich ihn dir laut vor. Kehre nun zu deinem Arbeitsplatz zurück und schreibe den Satz auf. Verfahre ebenso bei den anderen Sätzen. Vergleiche zum Schluss den auswendig geschriebenen Text mit dem Original.

← Textarbeit: 10 %-Methode

- Wenn du dich intensiv auf einen Test oder das Abfragen eines Unterrichtsstoffs vorbereiten musst, kopiere den Text aus dem Schulbuch und unterstreiche die wichtigen Aussagen, aber nicht mehr als ca. 10 % des Gesamttextes.
  Lies den Text noch einmal durch und überprüfe deine Unterstreichungen. Schneide dann die unterstrichenen Stellen aus und klebe sie in der Reihenfolge, wie sie im Text vorkamen, auf ein Blatt Papier. Versuche nun, dir den gesamten Text wieder in Erinnerung zu rufen, und sprich dabei laut mit. Durch diese Methode trainierst du deinen Blick für die wesentlichen Textinhalte und behältst sie zudem auch gut.

Lösungen

Kapitel Leseabsicht und Lesetechniken, S. 51

Am besten geht man in dieser Reihenfolge vor:

4. Überblick verschaffen
7. Text überfliegen
4. + 7. können auch zusammengefasst werden
1. + 3. Text komplett lesen und dabei Wichtiges unterstreichen
5. Notizen auf dem Textrand oder im Heft machen
2. + 8. Text ein zweites Mal lesen und das Textverständnis überprüfen
9. Text schriftlich zusammenfassen (mündlich genügt oft auch)
6. Textauszüge anzufertigen ist nur bei bestimmten Aufgabenstellungen notwendig, die in den Klassen 8–10 jedoch selten aufgegeben werden.

Kapitel: Texte vortragen, S. 92

…

Der bewusstlose Holger F. wurde von Einheimischen in das nächste Krankenhaus gefahren. Die Ärzte stellten eine Gehirnerschütterung fest. Holger F. wurde nach drei Tagen wieder aus dem Krankenhaus entlassen. Noch heute wird er regelmäßig von Alpträumen heimgesucht. „Eigentlich habe ich unverschämtes Glück gehabt", sagt er, „denn wenn ich mir vorstelle, es wäre ein Stein gewesen, wäre ich jetzt tot."

Auf der Suche nach einer Erklärung dieses Vorfalls sprach einer unserer Reporter mit einem Verantwortlichen vom Flughafen in Palma: „Wir sind für diese Dinge nicht zuständig. Erklärungen gibt es viele dafür. Zum Beispiel war es sehr stürmisch an diesem Tag, da wird manchmal etwas in die Luft gewirbelt. Dass so ein Brot aber aus einem Flugzeug fällt, ist nach heutigen Sicherheitsstandards eigentlich unmöglich."

Register

Die Seitenzahlen beziehen sich auf den Beginn eines Kapitels bzw. auf die direkte Belegstelle.

Textquellen

S. 59: Sabine Krämer/Klaus-Dieter Walter: Konzentration und Gedächtnis – ein Trainingsprogramm für 30 mal 20 Minuten. München: Lexika Verlag Barbara Rumpf, 2. Aufl. 1996, S. 11; **S. 60f.:** Robert Kleinschroth: Sprachen lernen. Der Schlüssel zur richtigen Technik. Hamburg: Rowohlt Taschenbuch Verlag, 2000, S. 72; **S. 65f.:** Paul Maar: Robert und Trebor. Hamburg: Friedrich Oetinger Verlag, 1985, S. 29–35; **S. 67:** James Thurber: Arthur und AL auf Freiersfüßen, aus: Lachen mit Thurber. Reinbek: Rowohlt Verlag, 1965, S. 253; **S. 73f.:** Lesen – Darstellen – Begreifen. Lese- und Arbeitsbuch für den Literatur- und Sprachunterricht, Ausgabe A, 7. Schuljahr, hrsg. von Franz Hebel. Frankfurt am Main: Hirschgraben-Verlag, o. J.; **S. 79:** Bertelsmann Universal-Lexikon 2002, CD-ROM-Version, © Wissen Media; **S. 92 und 102:** DIE ZEIT Nr. 33 vom 13. August 1993, Verfasser: Gunter Gerlach

Bildquellen

S. 64, links: bpk, Berlin; **rechts:** akg-images